© 2016 ZS Verlag GmbH
Kaiserstraße 14 b
D-80801 München

ISBN 978-3-89883-523-7
1. Auflage 2016

| | |
|---|---|
| Projektleitung | Ines Alms |
| Rezepte & Texte | Inga Pfannebecker |
| Lektorat | Katharina Lisson, Katharina Wolf |
| Grafische Gestaltung | Irene Schulz |
| Fotografie | Brigitte Sporrer |
| Foodstyling | Julia Skowronek, Johanna Strehl |
| Herstellung | Peter Karg-Cordes |
| Producing | Jan Russok |
| Druck & Bindung | L.E.G.O., Vicenza |

Die ZS Verlag GmbH ist ein Unternehmen der Edel AG, Hamburg.
www.zsverlag.de | www.facebook.com/zsverlag

# IM FRÜHSTÜCKS-HIMMEL

Inga Pfannebecker

# INHALT

# GUTEN MORGEN!

*Wagen Sie morgen Früh mal was Neues und lassen Sie sich von Power-Shakes, Pancakes oder Frühstücks-Muffins verführen. So wird das Frühstück zum ersten Höhepunkt eines Tages, der einfach nur noch gut werden kann.*

Ich muss Ihnen etwas gestehen: Bevor das Frühstück zu meiner Lieblingsmahlzeit geworden ist, habe ich es jahrelang ganz ausfallen lassen. Denn ich bin so gar kein Morgenmensch.

Aber irgendwann hatte ich die Nase voll davon, den Tag abgehetzt und mit leerem Bauch zu beginnen. Seitdem nehme ich mir jeden Tag mindestens 15 Minuten Zeit für ein Frühstück. Die lohnen sich, denn es macht wirklich einen Unterschied, ob man mit der Power von frischem Obst, satt machendem Getreide oder verführerischen Pfannkuchen und dem Neuesten aus aller Welt beim Frühstücksfernsehen den Tag beginnt oder mit einem hastig getrunkenen Kaffee aus dem Pappbecher und einem lieblos belegten Brötchen vom Bäcker.

Genau wie beim Mittag- oder Abendessen liebe ich dabei Abwechslung und probiere gerne Neues aus. Damit ich den Wecker trotzdem nicht früher stellen muss, lassen sich meine Rezepte meistens schnell und unkompliziert zubereiten oder auch schon am Abend vorbereiten. So können auch Langschläfer wie ich den Morgen ohne Stress genießen und am Wochenende sogar ganz entspannt Freunde zum Brunch einladen. Probieren Sie es am besten gleich morgen Früh aus!

Inga Pfannebecker

# DAS WICHTIGSTE ZUERST

„Frühstücke wie ein Kaiser", sagt der Volksmund. „Wer das Frühstück auslässt, hält sein Gewicht besser", sagen manche Forscher. Untersuchungen rund um den kulinarischen Start in den Tag gibt es viele, klare Aussagen sind trotzdem schwierig, da sich die Ergebnisse oft widersprechen. Welche Bedeutung hat das Frühstück also für uns?

# FITMACHER FRÜHSTÜCK

Ob Frühaufsteher oder Langschläfer: Die erste Mahlzeit entscheidet darüber, wie fit und entspannt wir in den Tag starten. Wenn wir mit gesunden Nährstoffen und den richtigen Kohlenhydraten Energie tanken, verbessern wir unsere Konzentrationsfähigkeit, verhindern Heißhungerattacken und können dem Alltagsstress besser trotzen.

## FASTEN BRECHEN

Die Engländer nennen es „Breakfast" und treffen den Nagel damit auf den Kopf: Mit der ersten Mahlzeit des Tages brechen wir nach der längeren Esspause durch den Schlaf das Fasten. Während der Ruhephase in der Nacht hält der Körper Funktionen wie den Herzschlag oder die Regulation der Körpertemperatur mithilfe unserer Energiereserven aufrecht. Am Morgen sind dann vor allem die Kohlenhydratspeicher geleert und wir müssen Kalorien auftanken, um sie wieder zu füllen. Fällt der Energienachschub aus, kommen wir nicht richtig in die Gänge oder werden schnell schlapp, da der Körper auf Sparflamme läuft. Da unter anderem auch das Gehirn einen großen Bedarf an Kohlenhydraten hat, lässt außerdem die Konzentration schnell nach. Kinder verfügen im Verhältnis über geringere Kohlenhydratreserven als Erwachsene. Für sie ist es deshalb besonders wichtig, morgens etwas zu essen. Sonst kann es schnell zu Konzentrationsstörungen und Heißhunger kommen.

## GESUNDHEITSBONUS FRÜHSTÜCK?

Wer ohne Frühstück in den Tag startet, erhöht sein Herzinfarktrisiko um fast ein Drittel, behaupteten amerikanische Forscher vor einiger Zeit und sorgten damit für viel Aufsehen. Bloß keine Panik, war die Reaktion vieler Experten darauf. Denn ob das erhöhte Risiko wirklich am Frühstück liegt oder ob Menschen, die nicht frühstücken, aus anderen Gründen ein höheres Herzinfarktrisiko haben, ist unklar. Es gibt jedoch immer wieder Hinweise, die darauf hindeuten, dass das Auslassen des Frühstücks negative Folgen für den Stoffwechsel, das Herz-Kreislauf-System und unser Gewicht hat, indem es zum Beispiel den Fett- und Zuckerstoffwechsel aus der Balance bringt und den Blutdruck erhöhen kann. Ob frühstücken uns guttut oder nicht, hängt aber nicht nur davon ab, ob wir etwas essen, sondern vor allem auch davon, was wir essen. Mein Tipp ist deshalb: Nutzen Sie die Chance, gleich morgens etwas für Ihre Gesundheit zu tun, indem Sie ein ausgewogenes Frühstück zu sich nehmen. Denn morgens sind die guten Vorsätze meist noch präsent und es fällt uns leichter, eine gute Portion gesunde Nährstoffe zu tanken, als mitten in einem hektischen Tag beim Mittagessen oder nach einem anstrengenden Tag beim Abendessen.

## MACHT FRÜHSTÜCKEN SCHLANK?

Manche Studien kommen zu diesem Ergebnis, andere nicht. Generell gilt: Wer abnehmen will, muss weniger Kalorien zu sich nehmen, als er verbraucht. Ob Kalorien einsparen am Morgen zum Erfolg führt oder – im Gegenteil – zu späterem Heißhunger und einer insgesamt höheren Kalorienaufnahme, ist Typsache und hängt natürlich nicht zuletzt auch davon ab, was wir frühstücken. Probieren Sie am besten aus, was für Sie funktioniert. Generell ist ein ausgewogenes, leichtes Frühstück, das lange satt macht, nicht die schlechteste Basis für einen figurfreundlichen Tag.

## SLOW CARB STATT LOW CARB

Vielen Menschen fällt es leichter, schlank zu bleiben oder zu werden, wenn sie weniger Kohlenhydrate essen. Deshalb ist Low Carb in aller Munde. Schon beim Frühstück auf Carbs zu verzichten, ist – zumindest wenn man nicht gerade eine strenge Diät machen will – jedoch keine gute Idee. Denn Kohlenhydratreiches ist am Morgen top für unsere Energieversorgung und fällt dann auch nicht so sehr ins Gewicht wie später. Denn dem Körper bleibt während des bevorstehenden Tages noch genügend Zeit, um die Energie aus den Kohlenhydraten zu verarbeiten. Wer trotzdem etwas für seine Figur – und seine Gesundheit – tun will, der sollte beim Frühstück auf „Slow Carbs" setzen. Das sind die Kohlenhydrate, die unseren Blutzucker langsam und gleichmäßig statt rasant ansteigen lassen. Sie stecken vor allem in Vollkornprodukten, Gemüse, Obst und Hülsenfrüchten. Auch die Kombination mit Eiweiß und etwas Fett bremst den Blutzuckeranstieg.

## FRÜHSTÜCKEN FÜR DIE SEELE

Noch ein Pluspunkt für die Morgenmahlzeit: Nicht nur dem Körper, auch der Seele tut es gut, wenn Sie sich ein bisschen Zeit dafür nehmen. 15 Minuten am Tisch zu sitzen und über der Kaffeetasse und der Müslischale noch ein bisschen zu träumen oder in der Zeitung zu blättern, reichen schon, um entspannter in den Tag zu starten. Denn wer schnell im Stehen oder nebenbei im Auto etwas runterschlingt und mit den Gedanken schon längst bei der Arbeit ist oder die To-do-Liste durchgeht, ist schon gestresst, bevor es überhaupt losgeht. Auch nicht empfehlenswert: den Tag mit Streitfragen oder Familiendiskussionen am Tisch zu beginnen. Verschieben Sie schwierige Themen besser auf einen anderen Zeitpunkt. So fängt der Tag gut gelaunt und energiereich an, egal mit welchem Bein Sie zuerst aufgestanden sind.

## FRÜHSTÜCKSMUFFEL?

Wenn Sie, oder auch Ihre kleinen Morgenmuffel, direkt nach dem Aufstehen noch keinen Hunger haben, erzwingen Sie nichts. Das erzeugt nur Stress und miese Stimmung. Fürs Erste reicht auch ein Milchkaffee, ein Glas Saft, ein Smoothie oder ein Kakao, um den Körper in Gang zu bringen. Umso wichtiger ist dann aber ein ausgewogenes zweites Frühstück, das die Energiereserven auffüllt und Power liefert. Besonders geeignet zum Mitnehmen sind die Ideen auf den Seiten 98/99, aber auch viele andere Frühstücksrezepte aus dem Buch lassen sich gut verpacken und bei der Arbeit oder in der Schule genießen.

# SO STARTEN SIE GUT IN DEN TAG

Ein ausgewogenes Frühstück schenkt Ihnen Energie für einen aktiven Tag.
Auf was es ankommt, damit es wirklich fit und nicht träge macht, erfahren Sie hier.

## DIE RICHTIGE PORTION

Etwa 25 Prozent der Gesamtkalorien eines Tages sollte das Frühstück liefern. Bei Frauen sind das im Durchschnitt zwischen 350 bis 450 Kalorien. Bei Männern und bei sehr aktiven Menschen etwas mehr, bei Kindern und allen, die sich wenig bewegen oder eher etwas abnehmen möchten, weniger. Wenn Sie unsicher sind, nehmen Sie die Hände als Faustregel: Eine Scheibe Brot sollte in etwa so groß wie die Handfläche sein, eine Scheibe Wurst oder Käse so groß wie der Handteller. Bei Gemüse dürfen es pro Portion zwei Handvoll sein. Eine Portion Obst entspricht einer gewölbten Hand. Getreideflocken sollten eine kleine Hand füllen. Die Größe des kleinen Fingers dient als Maß für Fette wie Butter oder Öl und Süßes wie Marmelade. Mit dieser Faustregel können Sie die Mengen gut abschätzen: Kleine Kinder haben kleine Hände, Männer große. Wenn das Frühstück am Wochenende ins Mittagessen übergeht, darf es natürlich auch gerne mal mehr sein. Wer bei der Arbeit oder in der Schule ein zweites Frühstück isst, der sollte die beiden Mahlzeiten aufeinander abstimmen, sodass es insgesamt nicht zu viel wird und die Mischung stimmt.

## DER PERFEKTE MIX

Im Idealfall liefert uns das Frühstück Energie, die lange anhält und satt macht, ohne den Körper zu sehr mit Verdauungsarbeit zu belasten; dazu kommt eine gute Portion Vitalstoffe wie Vitamine, Mineralien und Bioaktivstoffe, um ihn zu stärken. Eine gute Grundlage sind Kohlenhydrate, beispiels-weise aus Brot oder Getreideflocken, die uns leicht verdauliche Energie zur Verfügung stellen. Eine Portion Eiweißreiches wie Milch und Milchprodukte oder pflanzliche Alternativen, Eier, Fleisch, Wurst, Fisch oder Hülsenfrüchte dazu erhöhen nicht nur den Sättigungseffekt der Speisen, sie liefern uns auch wichtige Baustoffe für den Körper und regen den Stoffwechsel an. Immer dabei sein sollte eine Portion Gemüse oder Obst, das mit jeder Menge Vitaminen, Mineralien, Bioaktivstoffen und Ballaststoffen punktet und mit wenig Kalorien den Magen füllt. Abgerundet wird der Mix durch eine kleine, aber am besten feine Menge Fett, etwa aus Avocado, Nüssen, Samen oder Pflanzenölen. Denn die überzeugen mit ungesättigten Fetten, die Herz und Gehirn guttun. Auch das Trinken sollten Sie nicht vergessen. Neben Kaffee oder Tee am besten auch ein Glas Durstlöscher wie Wasser oder ungesüßten Kräuter- oder Früchtetee trinken oder einen Saft oder Smoothie genießen.

## BESSER NICHT

Nicht so gut am Morgen sind zu viele schnelle Kohlenhydrate, etwa aus stark gesüßten Müslimischungen, zuckrigen Säften oder Weißmehlbrötchen mit süßem Aufstrich. Sie lassen den Blutzucker schnell nach oben schnellen, aber auch rasch wieder absacken. So entsteht schon nach kurzer Zeit wieder Heißhunger und die Konzentration lässt nach. Zu schwere und fettreiche Speisen sollten Sie auch meiden. Denn sie haben zur Folge, dass der Körper erst mal mit Verdauungsarbeit beschäftigt ist. Das macht uns so müde, dass wir uns am liebsten gleich wieder hinlegen würden.

# GESUNDES FRÜHSTÜCKSGLÜCK

Stellen Sie sich Ihr Frühstück jeden Tag aufs Neue lecker zusammen.
Mit dem richtigen Mix und den besten Zutaten starten Sie so nicht nur mit Genuss,
sondern auch mit voller Power in den Tag.

## GETREIDE

Aufgrund seines hohen Kohlenhydratgehalts ideal als Frühstücksbasis. Besonders empfehlenswert ist die Vollkornvariante, die mit mehr Ballaststoffen länger satt macht und mehr nervenstärkende B-Vitamine und Mineralstoffe liefert als helle Getreideprodukte. Bei Brot am besten nachfragen – nicht alles, was dunkel aussieht, ist auch Vollkornbrot. Bei fertigen Müslimischungen immer die Zutatenliste studieren. Besonders Knuspermüsli ist oft eher eine kalorienreiche Süßigkeit als ein ausgewogenes Frühstück. Hin und wieder darf es natürlich statt des vernünftigen Vollkorns auch ein knuspriges Croissant oder ein süßes Bananenbrot sein.

## EIWEISSREICHES

Milchprodukte dürfen bei kaum einem Frühstück fehlen und sind sowohl in süßen als auch herzhaften Gerichten vielfältig einsetzbar. Wer auf Kalorien achten will oder muss, bevorzugt die fettarme Variante. Wer es lieber vegan mag, Milcheiweiß oder Milchzucker nicht verträgt, setzt auf pflanzliche Alternativen wie Soja-, Mandel-, Reis- oder Haferdrink oder Sojaghurt. Eine Alternative zu Käse und Wurst als Brotbelag ist geräucherter oder marinierter Tofu. Beliebt zum Frühstück sind auch Fischspezialitäten wie Räucherlachs oder -makrele, zum Brunch oft auch Fleisch. Ein absoluter Klassiker, der sich in 1001 Varianten zubereiten lässt, sind Eier, die neben viel Eiweiß auch gesunde Nährstoffe wie etwa Vitamin $B_{12}$ liefern.

## FETTREICHES

Nüsse jeder Art, Mandeln, Kerne und Samen sorgen morgens für Biss und gesundes Fett. Sie eignen sich für süße und herzhafte Speisen. Kurzes Anrösten in einer Pfanne ohne Fett verstärkt das nussige Aroma. Ebenfalls toll zum Frühstück: Avocado, die sich für Salate, als Brotaufstrich oder zu Eiergerichten anbietet. Unbedingt reife Früchte wählen, die auf leichten Fingerdruck nachgeben. Mit ihrem hochwertigen Fett und Vitamin E sind sie toll für die Haut. Zum Braten und für Salate sind hochwertige Pflanzenöle ideal. Als Brotaufstrich ist Butter mit viel Vitamin D eine gute Wahl. Bei Zimmertemperatur lässt sie sich gut und sparsam verteilen. Die vegane Alternative ist rein pflanzliche Margarine.

## OBST

Natürlich süß, saftig und voll gesunder Inhaltsstoffe bringen frische Früchtchen Farbe und Aroma auf den Tisch. Wählen Sie je nach Jahreszeit und Geschmack aus und servieren Sie die Früchte als Obstsalat, im Müsli, als Smoothie oder extra zum Naschen zum Frühstück dazu. Tiefgekühltes Obst ist ebenso geeignet und erspart Ihnen das Putzen und Zerkleinern. Trockenfrüchte sind prima für Müsli und süßes Gebäck. Sie sollten wegen ihres höheren Zucker- und Kaloriengehalts allerdings sparsamer eingesetzt werden.

## GEMÜSE

Eine Handvoll Knabbergemüse, etwa zum Käsebrot oder Spiegelei, versorgt uns mit sättigenden und verdauungsanregenden Ballaststoffen und einer ganzen Batterie an Vitaminen, Mineralstoffen und Bioaktivstoffen, die unsere Abwehr stärken und uns vor Krankheiten schützen können. Ideal sind Sorten, die Sie ohne großen Aufwand roh essen können, wie beispielsweise Radieschen, Gurkenscheiben, Möhren- oder Paprikasticks und Cocktailtomaten. Auch in Eiergerichten, Pfannkuchen oder herzhaften Brunchgerichten erhöht Gemüse den Gesundheitswert. Hierfür eignet sich zum Beispiel auch Spinat oder Rucola.

## SUPERFOODS

Chiasamen, Quinoa, Gojibeeren und Co. zählen zur Gruppe der Lebensmittel, die dem Genuss und der Gesundheit mit einem besonders hohen Anteil an gesunden Inhaltsstoffen die Krone aufsetzen sollen – ideal für einen gesunden Start in den Tag. Hier reichen oft schon kleine Mengen aus. Sie finden Sie in Bioläden, Online-Shops und immer öfter auch in großen Supermärkten oder Drogeriemärkten.

## GEWÜRZE UND KRÄUTER

Sie sorgen für Aroma und erhöhen nicht nur den Genuss, sondern tun durch ihre ätherischen Öle auch gut. Toll für süße Gerichte: Zimt, der den Blutzuckerspiegel in Balance hält, und Vanille, die zufrieden macht. Wer es feurig mag, kann mit Chili oder scharfem Paprikapulver seine Geschmacksnerven wachkitzeln oder sich mit scharf-zitronigem Ingwer erfrischen. Petersilie liefert jede Menge Vitamin C und Basilikum macht gute Laune. Knoblauch zum Frühstück ist Geschmackssache, daher taucht er bei den Rezepten in diesem Buch nur ganz selten auf.

## GETRÄNKE

Ohne Kaffee läuft an vielen Frühstückstischen gar nix. Denn der Wachmacher kurbelt mit Koffein den Kreislauf an. Auch schwarzer und grüner Tee haben diese anregende Wirkung. Zu viel davon kann allerdings die Nerven flattern lassen und mit Milch und Zucker auf Dauer ins Gewicht fallen. Fruchtsäfte und Smoothies versorgen uns mit einer guten Portion Vitaminen und Bioaktivstoffen, vor allem wenn sie frisch gepresst oder gemixt sind. Aber Vorsicht, da sie auch viel Fruchtzucker liefern, sollten Sie es damit nicht übertreiben. Getränke auf Milchbasis regen sanft die Verdauung an und versorgen uns mit satt machendem Eiweiß. Aufgrund ihrer Kalorien sind sie aber eher Mahlzeiten als Durstlöscher. Diesen Zweck erfüllt Wasser, ungesüßter Kräuter- oder Früchtetee am besten.

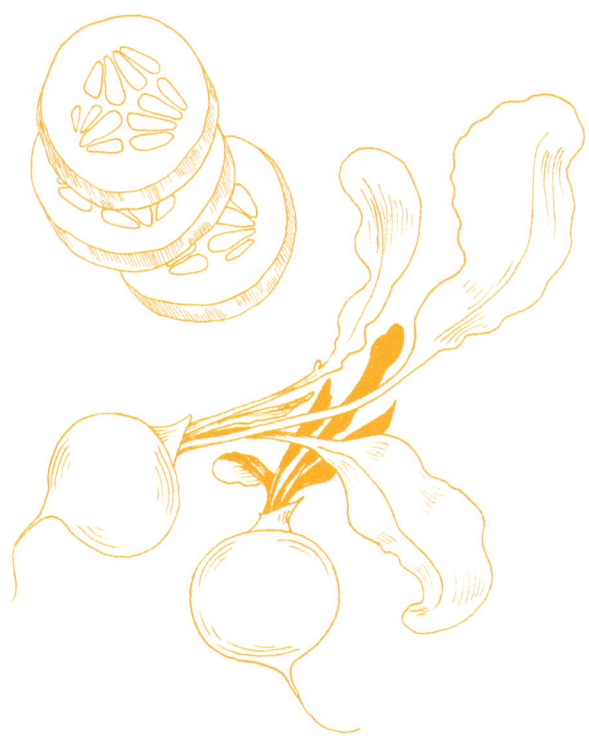

# SO WIRD ES EIN GUTER MORGEN

Besonders unter der Woche ist morgens die Zeit meist knapp und alle müssen schnell aus dem Haus. Auf ein gutes Frühstück müssen Sie trotzdem nicht verzichten – mit einem bisschen Planung stehen nämlich nicht nur die Quickies ab Seite 88 schnell auf dem Tisch.

## MORGENROUTINE

Überlegen Sie mit der ganzen Familie, wie Sie Ihren Morgen gestalten möchten, wie viel Zeit Sie sich zum Frühstücken nehmen können oder wollen, wer wann weg muss und wer welche Aufgaben übernimmt. So müssen Sie nicht jeden Tag aufs Neue diskutieren, wer den Tisch abräumt, und die Organisation des Frühstücks verläuft reibungsloser. Leise Hintergrundmusik sorgt für gute Laune.

## GUTE VORBEREITUNG

Besonders wenn Sie zu denen gehören, die morgens nicht schon voller Energie aus dem Bett hüpfen, oder zu denen, die am Morgen grundsätzlich zu spät dran sind, lohnt es sich, schon am Abend ein bisschen was vorzubereiten. So läuft der Morgen entspannter ab und es bleibt mehr Zeit zum Frühstücken und Genießen. Da fängt der Tag gleich viel besser an:

• Decken Sie den Frühstückstisch schon am Vorabend ein.

• Befüllen Sie die Kaffeemaschine, sodass Sie sie am nächsten Tag nur noch anschalten müssen. Ganz Ausgeschlafene setzen auf eine Kaffeemaschine mit Zeitschaltuhr, sodass Sie vom Duft frisch gebrühten Kaffees geweckt werden.

• Einige Frühstücke aus diesem Buch lassen sich ganz oder teilweise schon am Vorabend zubereiten und warten im Kühlschrank auf ihren Auftritt. Besonders geeignet sind beispielsweise die Overnight-Oats von Seite 22, die Muffins oder Müsliriegel von Seite 98 und 99, die auf Vorrat gebacken werden, oder einer der selbst gemachten Aufstriche aus dem Kapitel ab Seite 66, die Sie nur noch auf eine Scheibe Brot streichen müssen.

• Schnell zusammengerührt ist auch ein Müsli, für das Sie die Mischung nach den Rezepten von Seite 20 und 24 gleich in größerer Menge machen können und dann nur noch Milch oder Joghurt und ein paar frische Früchte dazugeben müssen.

• Tiefgekühltes Obst wie Beeren oder Mango ist ideal für alle, die sich am Morgen das Schnippeln sparen wollen. Einfach am Vorabend die gewünschte Menge aus dem Tiefkühlfach nehmen und über Nacht im Kühlschrank auftauen lassen.

• Wer zu Hause nur Zeit für einen Kaffee hat und sich sein Frühstück mitnimmt, kann ebenfalls schon einiges vorbereiten und eine Brotbox oder Butterbrottüte bereitlegen.

## AUSGESCHLAFEN ZUM BRUNCH EINLADEN

Sie würden ja gerne zum gemütlichen Wochenendfrühstück einladen, wenn da bloß nicht das frühe Aufstehen wäre? Schalten Sie Ihren Wecker ruhig aus – mit der richtigen Planung können Sie Gäste einladen und trotzdem ausschlafen.

• Ein Motto oder Anlass erleichtert die Essensplanung und die Dekoration. Orientieren Sie sich an den Jahreszeiten oder an Festtagen und laden Sie beispielsweise zum Osterbrunch oder Adventsfrühstück ein, zum Katerfrühstück in der Faschingszeit, zum Familienfrühstück mit Kindern oder verlegen Sie im Sommer den Brunch auf die Picknickdecke nach draußen.

• Machen Sie sich etwa eine Woche vor der Einladung einen Plan, was Sie alles für den Brunch zubereiten möchten und was Sie wie weit im Voraus vorbereiten können. Müslimischungen, Müsliriegel und viele der Brotaufstriche und Dips aus dem Kapitel ab Seite 66 lassen sich schon einige Tage vorher zubereiten. Gebäck wie etwa die Frühstücks-Muffins von Seite 98 oder die Brötchen von Seite 46 können Sie vorbacken, einfrieren, über Nacht auftauen und morgens noch mal kurz aufbacken. Alle Rezepte aus dem Brunch-Kapitel sind so ausgewählt, dass Sie sie am Vortag zubereiten können. Morgens sind dann nur noch wenige Handgriffe nötig, um die Rezepte zu vollenden.

• Teilen Sie die Arbeit auf: Wünschen Sie sich von jedem Ihrer Gäste statt eines Gastgeschenks einen Beitrag zum Brunch-Büfett. Wer keine Zeit oder Lust zum Selbermachen hat, kann vielleicht frische Brötchen vom Bäcker mitbringen, seine Lieblingsmarmelade oder seinen Lieblingsschinken oder sich um Sekt und Orangensaft kümmern.

• Selbst ist der Gast: Omeletts oder Spiegeleier, Smoothies und selbst gepresste Säfte schmecken am besten ganz frisch. Damit Sie als Gastgeber nicht den ganzen Morgen in der Küche verbringen, bauen Sie alles auf, was nötig ist, und bereiten Sie es so weit vor, dass die Gäste Ihren Saft selbst nach Wunsch pressen oder Ihr Ei nach Belieben zubereiten können.

• Nur kein Stress: Beim Brunch müssen Sie nicht alles gleichzeitig auf den Tisch oder auf das Büfett stellen, sondern können mit den süßen Sachen anfangen und nach und nach die herzhafteren auftischen. Wenn erst mal jeder ein Brötchen und einen Kaffee hat, bleibt genug Zeit, um noch ein paar Gerichte fertigzustellen oder anzurichten.

## WIE VIEL BRAUCHE ICH?

Je mehr verschiedene Gerichte und Getränke Sie zum Brunch servieren, desto weniger brauchen Sie von jedem **pro Gast**. Bei den Brunchrezepten in diesem Buch sind die Mengen pro Portion daher auch eher etwas kleiner als bei den anderen Rezepten im Buch. Immer gut als „stille Reserve": eine Käseplatte und ein Obstkorb.

- [ ] Brot und Brötchen: 75–100 g
- [ ] Frühstücksgebäck: 1–2 Stücke oder Teile wie Muffins oder Scones
- [ ] Joghurt- oder Quarkspeisen: 150–200 g
- [ ] Salat: 100 g
- [ ] Fisch (zum Beispiel Räucherlachs): 50–100 g
- [ ] Fleisch und Wurst: 50–80 g
- [ ] Käse: 50 g
- [ ] Dessert (zum Beispiel Trifle): 150 g
- [ ] Obst und Obstsalat: 80–100 g
- [ ] Gemüse (zum Knabbern oder Dippen): 100 g
- [ ] Aperitif (zum Beispiel Sekt): 1–2 Gläser
- [ ] Wasser: 1 l
- [ ] Säfte oder Smoothies: 1–2 Gläser
- [ ] Kaffee oder Tee: 3–4 Tassen

# POWER-STARTER

Hier gibt es Treibstoff für einen aktiven Tag: Kernige Müslimischungen, fruchtige Frühstücks-Hits und Cremiges mit Joghurt oder Quark versorgen Sie genussreich mit jeder Menge Nährstoffe. Dabei lassen sie sich am Morgen schnell und unkompliziert zubereiten oder schon am Vorabend vorbereiten, sodass sie auch im hektischen Alltag gelingen.

# JEDEN-TAG-MÜSLIMIX

*Selbst mischen lohnt sich! Denn so wissen Sie, was wirklich in Ihrem Müsli steckt: nämlich viele Ballaststoffe, gesundes Fett, B-Vitamine, Vitamin E, Mineralien und eine natürliche Süße aus Trockenfrüchten. Auf Vorrat gemischt bleibt es mindestens einen Monat frisch.*

**Für 500 g (ca. 12 Portionen à 40 g)**

350 g 5-Korn-Flocken (Weizen-, Gersten-, Hafer-, Roggen- und Reisvollkornflocken)

50 g getrocknete Apfelringe

50 g Paranusskerne

2 EL Weizenkeime

25 g Quinoa-, Amarant- oder Dinkel-Pops

50 g getrocknete Cranberrys

50 g Kürbiskerne

**1** Die Flocken in zwei Portionen in eine große Pfanne geben und ohne Fett unter Wenden jeweils etwa 5 Minuten anrösten, bis sie leicht Farbe annehmen. In eine große Schüssel geben und auskühlen lassen.

**2** Die Apfelringe in kleine Stücke schneiden. Die Nüsse grob hacken. Apfelstücke, Nüsse, Weizenkeime, Pops, Cranberrys und Kürbiskerne zu den Flocken geben und alles gut vermischen. Den Müslimix in ein großes Vorratsglas füllen und kühl und dunkel aufbewahren.

**3** Pro Portion 4 EL Müslimix (etwa 40 g) mit 150 g Naturjoghurt oder 150 ml Milch und 100 g klein geschnittenem Obst mischen.

**VARIANTEN:** Das Müsli lässt sich nach Geschmack und Vorrat variieren. Statt des Flockenmix können Sie auch nur Haferflocken verwenden und die Trockenfrüchte, Nüsse und Kerne nach Belieben austauschen. Wer es knusprig mag, gibt statt der Pops ungesüßte Cornflakes dazu. Exotisch wird der Müslimix mit getrockneter Mango und Kokoschips, besonders gesund mit Quinoaflocken, Gojibeeren und Chiasamen. Und schön schokoladig, wenn Sie zusätzlich noch 50 g gehackte Zartbitterschokolade untermischen.

# OVERNIGHT-OATS

Diese Haferflocken übernachten im Kühlschrank, was nicht nur praktisch ist für alle, die morgens immer in Eile sind, sondern was sie durch das Aufquellen auch noch sättigender macht. Übrigens, im Schraubglas kühl gestellt lassen sie sich auch prima mitnehmen, wenn Sie es mal noch eiliger haben sollten ...

**Für 4 Portionen**

400 ml Milch

300 g Naturjoghurt

160 g kernige oder blütenzarte Haferflocken (siehe Tipp)

2 TL Vanillezucker

500 g Obst nach Geschmack und Saison

4 TL geröstete Kokoschips oder gehackte Pistazienkerne

**1** Die Milch mit dem Joghurt in einer Schüssel glatt rühren. Die Haferflocken und den Vanillezucker unterrühren. Die Mischung auf vier Schraubgläser oder vier Müslischalen verteilen. Die Gläser oder Schalen mit einem Deckel oder mit Frischhaltefolie verschließen und über Nacht in den Kühlschrank stellen.

**2** Am nächsten Morgen das Obst je nach Sorte waschen, putzen und in mundgerechte Stücke schneiden. Die Overnight-Oats noch einmal durchrühren und das Obst darauf verteilen. Mit Kokoschips oder gehackten Pistazien bestreuen.

**VARIANTEN:** Dieses Basisrezept können Sie immer wieder neu variieren. Statt Milch können Sie auch Fruchtsaft oder Wasser für die Oats verwenden. Vegan wird die Mischung mit Mandeldrink und Sojaghurt. Auch beim Topping sind Ihrer Fantasie keine Grenzen gesetzt. Warum nicht mal statt Obst 1 TL Erdnusscreme und etwas geraspelte Zartbitterschokolade auf die Oats geben? Oder als Extra-Eiweißkick noch einen Löffel Magerquark und ein paar Chiasamen?

**Tipp:** Die Wahl der Haferflocken ist Geschmackssache: Kernige Flocken behalten etwas Biss, mit zarten wird das Ganze besonders cremig.

# SCHOKO-GRANOLA

Dieses Knuspermüsli ist eine echte Verwöhnmischung, die besonders gut schmeckt,
wenn man mit dem falschen Fuß aufgestanden ist. Aber auch an jedem anderen Morgen
zaubert sie garantiert ein Lächeln auf Ihr Gesicht.

**Für ca. 500 g (ca. 12 Portionen à 40 g)**

50 g Zartbitterschokolade
(mind. 70 % Kakaoanteil)

60 g brauner Zucker

5 TL Sonnenblumenöl

5 TL Ahornsirup

250 g kernige Haferflocken

50 g ungesüßte Cornflakes

25 g Dinkel-Pops

50 g Kokoschips

1 EL Kakaopulver

Salz

**1** Den Backofen auf 175 °C vorheizen. Die Schokolade hacken. Den braunen Zucker mit 60 ml Wasser in einen Topf geben und aufkochen. So lange köcheln, bis sich der Zucker aufgelöst hat. Den Topf vom Herd nehmen, die Schokolade dazugeben und unter Rühren schmelzen. Das Sonnenblumenöl und den Ahornsirup unterrühren.

**2** Die Haferflocken mit den Cornflakes, den Dinkel-Pops, 25 g Kokoschips, dem Kakaopulver und 1 Prise Salz in einer Schüssel gut vermischen. Den Schokoladensirup darübergießen und gründlich unterrühren.

**3** Diese Mischung auf einem mit Backpapier belegten Backblech gleichmäßig verteilen. Im Ofen auf der mittleren Schiene etwa 35 Minuten backen. Nach etwa 15 Minuten das Blech herausnehmen und das Granola gut durchmischen. Etwa 10 Minuten backen, mischen. Nochmals 5 Minuten backen und ein letztes Mal durchmischen. Nach weiteren 5 Minuten das Granola aus dem Ofen nehmen und auskühlen lassen. Die restlichen Kokoschips untermischen und das Granola in ein Vorratsglas füllen. So hält es sich kühl und dunkel aufbewahrt mindestens 1 Monat. Das Schoko-Granola schmeckt mit Naturjoghurt oder Mich und klein geschnittenem Obst gemischt (Bild S. 18).

# PORRIDGE

*Nicht umsonst ein Klassiker: Schnell und preiswert macht der Haferbrei auf gesunde Art lange satt und lässt sich immer wieder neu verfeinern. Besonders in der kalten Jahreszeit bringt uns das warme Frühstück schnell auf Betriebstemperatur.*

**Für 4 Portionen**

je 80 g kernige und blütenzarte Haferflocken (oder 160 g von einer Sorte)

4 EL geschrotete Gold-Leinsamen

400 ml Milch

¼ TL Zimtpulver

Salz

2 Bananen

4 TL Ahornsirup

**1** Die Haferflocken mit den Leinsamen, der Milch, 400 ml Wasser, dem Zimt und 1 Prise Salz in einem Topf verrühren. Alles aufkochen und 3 bis 4 Minuten unter Rühren köcheln lassen. Den Porridge auf vier tiefe Teller verteilen.

**2** Die Bananen schälen und in Scheiben schneiden. Auf dem Porridge verteilen und mit je 1 TL Ahornsirup beträufeln. Sofort servieren.

**VARIANTEN:** Probieren Sie Ihren Porridge auch mal mit anderen Toppings, etwa mit geraspeltem Apfel und Blaubeeren, Kirschen und etwas gehackter Zartbitterschokolade, Birnenspalten und etwas Karamellkonfitüre, 1 großen Klecks Apfelmus und Zimtpulver, gedünsteten Apfelspalten und gerösteten Mandelblättchen oder Mangospalten und Kokosflocken.

# SCHOKO-CHIAPUDDING

So lecker wie ein Dessert, aber sättigend und gesund wie ein vollwertiges Frühstück:
Der Pudding aus den kleinen Superfood-Samen weckt Löffel für Löffel die Lebensgeister.

**Für 4 Portionen**

8 EL Chiasamen

½ l ungesüßter Mandeldrink

Mark von 1 Vanilleschote

2 EL Agavendicksaft

2 EL ungesüßtes Kakaopulver

500 g Obst nach Geschmack

(z.B. Birne, Mango oder Beeren)

4 TL geraspelte Zartbitterschokolade

**1** Die Chiasamen mit dem Mandeldrink, dem Vanillemark, dem Agavendicksaft und dem Kakaopulver in einer Schüssel verrühren und etwa 15 Minuten quellen lassen. Die Mischung noch einmal gut durchrühren und auf vier Schraubgläser oder Müslischalen verteilen. Mit Deckeln oder Frischhaltefolie verschließen und über Nacht kühl stellen.

**2** Am nächsten Morgen das Obst je nach Sorte waschen, putzen und in mundgerechte Stücke schneiden. Auf dem Chiapudding anrichten und mit Schokolade bestreut servieren.

**INFO:** Chiasamen gehören zu den sogenannten Superfoods und sind tatsächlich ziemlich nährstoffreich. Sie überzeugen vor allem mit gesunden Omega-3- und Omega-6-Fettsäuren, Pflanzeneiweiß, Mineralien wie Eisen und Kalzium und Ballaststoffen. Da die kleinen Samen in Flüssigkeit stark aufquellen, sind sie ausgezeichnete Sattmacher. Wichtig: reichlich dazu trinken.

# BIRCHERMÜSLI

Das Originalrezept wurde schon um 1900 von einem Schweizer Arzt
als Gesundheitsrezept entwickelt und sorgt – in etwas abgewandelter Form – auch heute noch
mit vielen Vitalstoffen für einen guten Start in den Tag.

**Für 4 Portionen**

100 g kernige Haferflocken

300 ml Apfelsaft

3 Äpfel

75 g getrocknete Kirschen

4 EL Naturjoghurt

50 g Haselnussblättchen

**1** Die Haferflocken mit dem Apfelsaft in einer Schüssel mischen und zugedeckt über Nacht kühl stellen.

**2** Am nächsten Morgen die Äpfel waschen, vierteln und die Kerngehäuse entfernen. Die Viertel grob raspeln. Unter die aufgequollenen Haferflocken mischen. Die getrockneten Kirschen grob hacken und ebenfalls untermischen. Das Birchermüsli auf vier tiefe Teller oder Müslischalen verteilen. Je 1 EL Joghurt als Klecks auf jedes Müsli geben und mit den Haselnussblättchen bestreuen.

**VARIANTEN:** Statt Kirschen können Sie auch andere getrocknete Früchte wie beispielsweise Rosinen, Cranberrys oder klein gewürfelte Soft-Aprikosen verwenden. Und die Haselnussblättchen können Sie auch durch gehackte Walnüsse oder Mandeln ersetzen.

# HIMBEERQUARK

Selbst gemacht ist der rosa Quark so viel fruchtiger und aromatischer
als die oft künstlich aufgepeppten, stark gesüßten Varianten aus dem Supermarkt.
Die kleine Extramühe lohnt sich wirklich!

**Für 4 Portionen**

250 g Himbeeren (ersatzweise
tiefgekühlte)

½ Päckchen Vanillezucker

400 g Speisequark (20 % Fett)

1 EL Puderzucker

1 EL Zitronensaft

**1** Die Himbeeren verlesen und waschen bzw. auftauen. Die Hälfte
davon pürieren und durch ein feines Sieb streichen, um die Kerne zu
entfernen. Das aufgefangene Püree mit dem Vanillezucker mischen
und in einem kleinen Topf zum Kochen bringen. 4 bis 5 Minuten
kochen lassen, bis das Püree dicklich eingekocht ist und noch 2 bis
3 EL übrig sind. Vom Herd nehmen und abkühlen lassen.

**2** Den Quark mit dem Puderzucker und dem Zitronensaft in eine
Schüssel geben und mit dem Schneebesen glatt rühren. Das Himbeer-
konzentrat dazugeben und unterrühren.

**3** Den Himbeerquark auf vier Schälchen verteilen und mit den übrigen Himbeeren garnieren.

# GRIECHISCHER JOGHURT MIT FEIGEN

**Für 4 Portionen**

500 g griechischer Joghurt (10 % Fett)

1 Päckchen Vanillezucker

2 EL Pistazienkerne

4 EL flüssiger Honig

4 reife Feigen

**1** Den Joghurt mit dem Vanillezucker und nach Belieben 1 TL Oran-
genblütenwasser glatt rühren.

**2** Die Pistazien in einer Pfanne ohne Fett leicht anrösten. Aus der
Pfanne nehmen und grob hacken. Die Pistazien unter den Honig
rühren.

**3** Die Feigen waschen, trocken tupfen und vierteln. Den Joghurt auf
vier Schälchen verteilen und je 4 Feigenviertel darauf anrichten. Den
Pistazienhonig über die Feigen träufeln.

**VARIANTEN:** Der Joghurt schmeckt natürlich auch mit anderen
Früchten. Sehr lecker sind zum Beispiel Aprikosen, Kirschen, Beeren
oder Orangenfilets.

# UND WAS IST MIT TEE?

## INGWER-ZITRONEN-TEE

### kleine Stärkung für die Abwehrkraft

Für 4 Tassen ein **3 bis 4 cm** langes Stück **Ingwer** schälen und in Scheiben schneiden. Von **1 Bio-Zitrone** die Schale spiralförmig dünn abschälen. Beides mit **1 l Wasser** in einen Topf geben, aufkochen und bei sehr schwacher Hitze zugedeckt etwa 10 Minuten köcheln lassen. Die Zitrone halbieren, eine Hälfte auspressen. Den Saft und **3 bis 4 TL Honig** unterrühren.

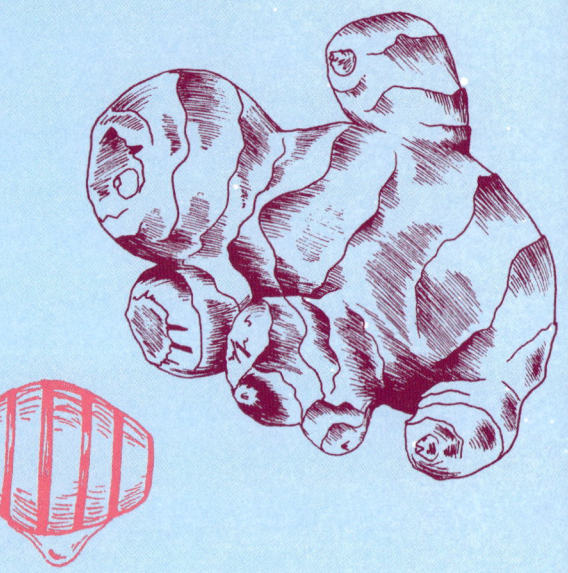

## MATCHA-LATTE

### grüner Muntermacher

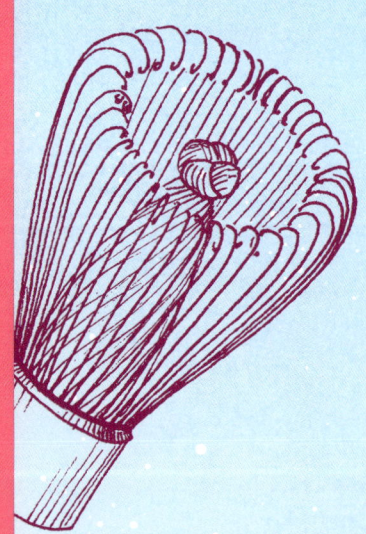

Für 4 Gläser (à ca. 300 ml) **4 TL Matchapulver** (japanisches Grünteepulver) mit ¼ l heißem **Wasser** (etwa 80 °C) übergießen und mit dem Schneebesen verquirlen. Den Matchaaufguss in vier hitzebeständige Latte-macchiato-Gläser füllen. **800 ml Milch** erwärmen und mit einem Milchaufschäumer oder dem Schneebesen aufschäumen. Den Schaum auf die Gläser verteilen. Nach Belieben süßen.

**VARIANTE:** Für einen würzigen Chai-Latte anstelle des Matchatees **4 Beutel Chai-Tee** (indischer Gewürztee) mit dem heißen **Wasser** übergießen und etwa 10 Minuten ziehen lassen. Die Teebeutel entfernen, den Chai-Tee auf die Gläser verteilen und mit **Milchschaum** krönen.

# ROOIBOS-MINZ-TEE

*minzfrisch*

Für 4 Tassen **4 TL Rooibostee, 4 Stiele Minze** und **4 TL getrocknete Cranberrys** mit **1 l** kochendem **Wasser** übergießen und etwa 5 Minuten ziehen lassen. Rooibostee und Minze herausnehmen. Den Tee mit den Cranberrys auf Tassen verteilen.

# WINTERTEE

*der wärmt nicht nur im Advent*

Für etwa 1 l Tee **1 Bio-Orange** heiß waschen und in Scheiben schneiden. Mit **2 EL getrockneten Apfelschalen** (aus dem Teeladen), **2 Gewürznelken, 2 Zimtstangen, 4 Beuteln Früchtetee** und **1 l Wasser** in einen Topf geben, aufkochen und zugedeckt etwa 5 Minuten sanft köcheln lassen. Die Teebeutel und die Gewürze entfernen und den Wintertee mit **2 bis 3 EL Zitronensaft** und nach Belieben etwas **Honig** abschmecken und servieren.

Für etwa 12 Kannen Tee **2 große Bio-Zitronen** heiß waschen, trocken reiben und die Schale fein abreiben. Die Schale auf einem mit Backpapier belegten Backblech ausbreiten und im 80 °C heißen Backofen 1 bis 2 Stunden trocknen lassen. Dabei die Ofentür mithilfe eines Holzkochlöffels einen Spalt offen halten. Das Blech aus dem Ofen nehmen und über Nacht an einem trockenen Ort stehen lassen. Die Zitronenschale mit **100 g English-Breakfast-Tee** oder anderem Schwarztee und **25 g getrockneten Hibiskusblüten** mischen. In eine gut schließende Dose füllen. Pro Kanne etwa 10 g der Teemischung mit 1 l heißem Wasser übergießen und 2 bis 2½ Minuten ziehen lassen.

*Wachmacher für den Vorrat*

# FRÜHSTÜCKSTEE-MISCHUNG

# SUPER-SMOOTHIE-BOWL

*Überraschung: Angedickt mit Chiasamen lässt sich ein Smoothie auch löffeln und ist sättigender als seine Verwandten zum Trinken. Besonders hübsch sieht es aus, wenn Sie das Topping dekorativ auf der Smoothie-Bowl drapieren.*

**Für 4 Portionen**

300 g tiefgekühlte gemischte Beeren

2 große reife Bananen

50 g Chiasamen

Hanfsamen, Gojibeeren, Kokosraspel, Mandelblättchen oder Ähnliches zum Garnieren

**1** Von den Beeren etwa 2 EL zum Garnieren beiseitelegen, die übrigen Beeren in einen Mixer oder einen hohen Rührbecher geben und etwa 5 Minuten antauen lassen. Die Bananen schälen, ½ Banane zum Garnieren beiseitelegen, die übrigen Bananen in Stücke schneiden.

**2** Die Bananenstücke und die Chiasamen – bis auf 1 TL zum Garnieren – zu den Beeren geben. 1 guten Schuss Wasser dazugeben und alles fein pürieren. Den Smoothie 5 bis 10 Minuten stehen lassen, dann noch mal gut durchmixen und auf vier tiefe Teller oder flache Schalen verteilen.

**3** Die übrige halbe Banane in dünne Scheiben schneiden. Die Smoothie-Bowls mit den Bananenscheiben, den restlichen Beeren, den übrigen Chiasamen und weiteren Zutaten nach Wahl garnieren und servieren.

**VARIANTE:** Statt Beeren können Sie auch gefrorene Mangostücke oder Kirschen verwenden. Dadurch dass die Früchte gefroren untergemixt werden, wird der Smoothie besonders cremig.

# SUNNY-MORNING-BECHER

*Dieser exotische Genuss steht schnell auf dem Tisch und macht mit wenig Fett,
aber viel Eiweiß eine gute Figur. Und mit ihrer aufmunternden Farbe lässt die Mango –
egal um welche Uhrzeit – die Sonne aufgehen.*

**Für 4 Portionen**

400 g körniger Frischkäse

150 g Kokosjoghurt

1 große Mango

2 TL Limettensaft

4 TL geröstete Kokoschips oder -raspel

4 Blätter Minze zum Garnieren

**1** Den körnigen Frischkäse mit dem Kokosjoghurt in einer Schüssel verrühren.

**2** Die Mango schälen, das Fruchtfleisch auf den flachen Seiten vom Stein schneiden und in Würfel schneiden. Den Limettensaft untermischen.

**3** Die Frischkäse-Kokos-Creme im Wechsel mit den Mangowürfeln in vier Gläser schichten. Dabei mit Frischkäsecreme beginnen und enden. Die Becher mit den Kokoschips bzw. -raspeln bestreuen und mit je 1 Blatt Minze garnieren. Den Sunny-Morning-Becher sofort servieren.

# SOMMERLICHER BEERENSALAT

*Das Dressing macht die Beeren zu einem erfrischenden Genuss,*
*der solo als Beilage zum Frühstück oder Brunch schmeckt oder mit etwas Joghurt*
*oder Quark zum leichten Sommer-Starter wird.*

**Für 4 Portionen**

1 große Bio-Limette
5 Stiele Minze
50 g brauner Zucker
500 g gemischte Beeren
(z.B. Erdbeeren, Himbeeren, Blaubeeren und Johannisbeeren)

**1** Die Limette heiß abwaschen, trocken reiben und die Schale dünn abreiben. Die Limette halbieren und den Saft (etwa 50 ml) auspressen. Die Minze waschen und trocken schütteln. Den Limettensaft mit der Limettenschale, dem braunen Zucker, 3 Stielen Minze und 150 ml Wasser in einen kleinen Topf geben und unter Rühren aufkochen. Alles etwa 5 Minuten köcheln lassen, bis die Flüssigkeit dickflüssig wird. Dabei öfter rühren. Den Sirup vom Herd nehmen und auskühlen lassen. Die Minze entfernen.

**2** Inzwischen die Beeren vorbereiten: Die Erdbeeren waschen, putzen und je nach Größe halbieren oder vierteln. Die Himbeeren und die Blaubeeren verlesen, waschen und trocken tupfen. Die Johannisbeeren waschen, trocken tupfen und von den Rispen streifen. Die Blätter von den übrigen Minzestielen abzupfen und in feine Streifen schneiden.

**3** Die Beeren in eine Schüssel geben und den Sirup gut untermischen. Den Beerensalat bis zum Servieren zugedeckt kühl stellen. Kurz vor dem Servieren mit den klein geschnittenen Minzeblättern bestreuen.

# OFENPFIRSICHE

**Für 4 Portionen**

4 Pfirsiche
4 TL Zucker
200 g Vanillequark
50 ml Milch
20 g Mandelblättchen

**1** Den Backofen auf 180 °C vorheizen. Die Pfirsiche waschen, trocken reiben, halbieren, entsteinen und mit den Schnittflächen nach oben auf ein mit Backpapier belegtes Backblech setzen. Jede Pfirsichhälfte mit ½ TL Zucker gleichmäßig bestreuen. Im Ofen auf der mittleren Schiene etwa 20 Minuten backen, bis die Oberfläche goldbraun ist und die Pfirsiche weich werden.

**2** Inzwischen den Vanillequark mit der Milch glatt rühren. Die Mandelblättchen in einer Pfanne ohne Fett goldbraun rösten. Die Pfirsiche aus dem Ofen nehmen und je 2 Hälften auf einem Teller anrichten und etwas von der Vanillecreme dazugeben. Mit den Mandelblättchen bestreuen und gleich servieren. Die restliche Vanillecreme extra dazu reichen.

**VARIANTEN:** Anstelle von Pfirsichen können Sie das Rezept auch mit Nektarinen oder Aprikosen zubereiten.

# KARAMELLISIERTE GRAPEFRUIT

**Für 4 Portionen**

2 rosa Grapefruits
4 TL brauner Zucker

**1** Den Backofengrill auf höchste Stufe (250 °C) einschalten. Die Grapefruits halbieren und das Fruchtfleisch mit einem kleinen Messer rundherum von der Schale lösen. Die Hälften mit der Schnittfläche nach oben auf ein mit Backpapier belegtes Backblech legen. Eventuell unten etwas gerade schneiden, damit die Hälften gut stehen. Den Zucker nach Belieben mit 4 Msp. gemahlenem Kardamom mischen. Jede Grapefruithälfte mit 1 TL (Kardamom-)Zucker bestreuen.

**2** Das Blech auf der oberen Schiene unter den heißen Backofengrill schieben und die Grapefruithälften 3 bis 4 Minuten grillen, bis der Zucker karamellisiert ist. Herausnehmen und sofort servieren.

**TIPP:** Statt unter dem Backofengrill können Sie die Grapefruits auch mit einem kleinen Gasbrenner karamellisieren. Das geht besonders schnell. Die herben Zitrusfrüchte sind ideal zum Frühstück, denn sie regen mit ihren Bitterstoffen Verdauung und Stoffwechsel an. Mit einer dünnen Karamellschicht werden sie zu einem ganz besonderen Genuss.

# ORANGEN-CARPACCIO

*Allein die Farbe der Orangenscheiben macht schon gute Laune! Wenn dann aber zu ihrem erfrischend-fruchtigen Geschmack noch eine feine Cashewcreme kommt, werden Sie garantiert auch mit dem kältesten Wintermorgen schnell warm.*

**Für 4 Portionen**

100 g Cashewkerne

3 EL Orangensaft

1 TL Agavendicksaft

4 Orangen

Zimtpulver

**1** Die Cashewkerne in eine Schale geben, mit Wasser bedecken und über Nacht im Kühlschrank einweichen lassen.

**2** Am nächsten Morgen die Cashewkerne abgießen und mit dem Orangensaft und dem Agavendicksaft in einen hohen Rührbecher oder Mixer geben. Alles zu einer feinen Creme pürieren.

**3** Die Orangen mit einem Messer so großzügig schälen, dass auch die weiße Haut mit entfernt wird. Die Früchte in dünne Scheiben schneiden. Dabei eventuell die Kerne entfernen. Die Scheiben von je 1 Orange auf je einem Teller verteilen oder alle Scheiben auf einer großen Platte auslegen. Je ein Viertel der Cashewcreme als Klecks in die Mitte geben. Das Orangen-Carpaccio mit etwas Zimt bestäuben und nach Belieben mit Minzeblättern garnieren.

**Tipp:** Haben Sie vergessen, die Cashewkerne einzuweichen? Dann kochen Sie sie mit Wasser bedeckt auf und lassen sie etwa 5 Minuten köcheln. Danach lassen sie sich auch gut pürieren. Die Creme hält sich übrigens 2 bis 3 Tage im Kühlschrank. Sie können sie also prima auf Vorrat zubereiten.

# WINTER-OBSTSALAT MIT ZIMTJOGHURT

Mit dieser bunten Mischung bekommen Sie gleich morgens gute Laune und stärken Ihre Abwehrkräfte mit viel Genuss. Der cremig-aromatische Joghurt rundet die Sache mit einer Portion Eiweiß ab.

**Für 4 Portionen**

**Für den Obstsalat**

1 Clementine

1 EL Zitronensaft

1 EL Honig

½ Granatapfel

1 Orange

2 Kakis

1 großer Apfel

2 Kiwis

1 große Banane

20 g Walnusskerne

**Für den Zimtjoghurt**

200 g fettarmer griechischer Joghurt (0,2 % Fett)

1 TL Zimtpulver

2 EL Honig

**1** Die Clementine auspressen und den Saft mit dem Zitronensaft und dem Honig in einer großen Schüssel zu einem Dressing verrühren.

**2** Die Kerne aus dem Granatapfel lösen. Die Orange mit einem Messer so großzügig schälen, dass auch die weiße Haut mit entfernt wird. Die Filets zwischen den einzelnen Trennhäuten herausschneiden und halbieren. Die Kakis schälen und in Würfel schneiden. Den Apfel vierteln, schälen und entkernen. Die Viertel nochmals halbieren und die Spalten quer in dünne Scheiben schneiden. Die Kiwis schälen, längs halbieren und in Scheiben schneiden. Die Banane schälen und in Scheiben schneiden.

**3** Zuerst die Banane unter das Dressing mischen, dann das übrige Obst ebenfalls untermischen. Die Walnüsse grob hacken, in einer Pfanne ohne Fett kurz anrösten und unter den Salat mischen. Für den Zimtjoghurt den Joghurt mit dem Zimt und dem Honig glatt rühren. Zum Winter-Obstsalat servieren.

**TIPP:** Granatapfelkerne lassen sich fleckenfrei in einer Schüssel mit Wasser herauslösen. Den halbierten Granatapfel hineinlegen und die Kerne unter Wasser mit den Händen herauslösen. So spritzt der dunkelrote Saft nicht heraus. Entkernen Sie am besten gleich einen ganzen Granatapfel, die Kerne lassen sich prima einfrieren.

# FRISCH GEBACKEN

Hier locken frisch gebackene Brötchen oder Schokoladen-Brioches, fluffige Pancakes, saftige Omeletts oder herzhaft gefüllte Croissants mit ihrem verführerischen Duft auch den letzten Langschläfer aus dem Bett.

# SCHNELLES VOLLKORN-NUSS-BROT

Vor dem Duschen schnell den Backofen anheizen, den Teig aus nur fünf Zutaten in schlappen 15 Minuten zusammenrühren - und wenn Sie im Bad fertig sind, ist das herrlich duftende und gesunde Brot auch schon bereit. Unbedingt ausprobieren!

**Für 1 Kastenform
(25 cm Länge; ca. 16 Scheiben)**

Fett und Mehl für die Form

150 g Haselnusskerne

1 Würfel Hefe (42 g)

500 g Dinkelvollkornmehl

Salz

2 EL Apfelessig

**1** Den Backofen auf 225 °C vorheizen. Eine Kastenform einfetten und mit Mehl ausstäuben. Die Haselnüsse grob hacken. Die Hefe in eine Schüssel bröckeln, ½ l lauwarmes Wasser dazugießen und die Hefe unter Rühren im Wasser auflösen.

**2** Das Mehl und 2 leicht gehäufte TL Salz in einer Rührschüssel mischen. Das Hefewasser, den Essig und die gehackten Nüsse dazugeben und mit den Knethaken des Handrührgeräts unterkneten. Etwa 3 Minuten weiterkneten, bis ein gleichmäßiger, eher flüssiger Teig entstanden ist.

**3** Den Teig sofort in die vorbereitete Form geben. Im Ofen auf der mittleren Schiene etwa 35 Minuten backen. Den Ofen ausschalten und das Brot etwa 5 Minuten im Ofen ruhen lassen, dann herausnehmen. Mit einem Messer vom Formrand lösen, aus der Form stürzen und auskühlen lassen.

**Tipp:** Das Brot lässt sich in Scheiben geschnitten prima einfrieren und bei Bedarf im Toaster schnell aufbacken.

# LIEBLINGSBRÖTCHEN

Wer sie morgens ofenfrisch genießen will, muss etwas früher aufstehen oder den Teig am Abend vorher vorbereiten. Aber auch am Vortag gebacken und kurz wieder auf dem Toaster erwärmt schmecken sie einfach zum Anbeißen – egal ob süß oder herzhaft belegt.

**Für ca. 10 Stück**

500 g Weizenmehl (Type 550)

10 g frische Hefe

Salz

20 g zimmerwarme Butter

½ TL Honig

Mehl für die Arbeitsfläche

Kürbiskerne, Sonnenblumenkerne, Sesamsamen, Mohn, grobes Salz, Kümmel oder Röstzwiebeln zum Bestreuen

**1** Für den Vorteig 150 g Mehl in eine Schüssel geben und eine Mulde in die Mitte drücken. Die Hefe in die Mulde bröckeln. Nach und nach 125 ml lauwarmes Wasser in die Mulde gießen und die Hefe darin unter Rühren auflösen. Dabei auch etwas Mehl vom Rand mit unterrühren. Die Schüssel mit einem Küchentuch abdecken und den Vorteig an einem warmen Ort etwa 30 Minuten gehen lassen.

**2** Das übrige Mehl, 10 g Salz, die Butter in Flöckchen, den Honig und etwa 150 ml lauwarmes Wasser zum Vorteig geben und alles mit den Knethaken des Handrührgeräts zu einem glatten Teig verkneten. Auf der leicht bemehlten Arbeitsfläche den Teig 8 bis 10 Minuten mit den Händen durchkneten. Den Teig wieder in die Schüssel legen und zugedeckt etwa 20 Minuten ruhen lassen.

**3** Den Teig noch einmal kurz durchkneten und in 10 Stücke (à etwa 80 g) teilen. Die Stücke zu Kugeln formen und mit Abstand auf ein mit Backpapier belegtes Backblech legen. Die Oberfläche mit Wasser bestreichen und mit dem ausgewählten Belag bestreuen. Die Brötchen mit einem Tuch abdecken und an einem warmen Ort etwa 40 Minuten gehen lassen.

**4** Inzwischen den Backofen auf 250 °C vorheizen. Dabei auf den Ofenboden eine leere flache Auflaufform stellen und mit erhitzen. Etwa 1 ½ l Wasser in die Auflaufform gießen, sofort das Blech mit den Brötchen in den Ofen schieben und die Brötchen etwa 10 Minuten backen. Die Ofentemperatur auf 200 °C reduzieren, die Ofentür kurz öffnen, damit der Dampf entweichen kann. Die Brötchen 10 bis 15 Minuten fertig backen, herausnehmen und auf einem Kuchengitter auskühlen lassen (Bild S. 42).

**TIPP:** Sie können den Teig auch nach der 20-minütigen Ruhezeit nach dem Kneten zugedeckt in den Kühlschrank stellen und über Nacht gehen lassen. Am nächsten Morgen den Teig mindestens 1 Stunde vor der Verarbeitung aus dem Kühlschrank nehmen und auf Zimmertemperatur erwärmen lassen. Den Teig kurz durchkneten, zu Brötchen formen, 30 bis 40 Minuten gehen lassen und backen.

# EIWEIß-DINKELBROT

Eiweißreich, arm an Kohlenhydraten und nicht so fetthaltig wie die
im Handel erhältlichen Low-Carb-Brote: Dieser saftige Sattmacher ist ideal für alle,
die auf ihre Linie achten und in einen aktiven Tag starten wollen.

**Für 1 Kastenform
(25 cm Länge; ca. 20 Scheiben)**

Fett und Haferkleie für die Form

100 g Mandelmehl (aus dem Bioladen
oder Reformhaus)

50 g geschrotete braune Leinsamen

50 g Sojamehl

2 EL Dinkelvollkornmehl

4 EL Haferkleie

1 Päckchen Backpulver

Salz

300 g Magerquark

8 Eiweiß

2–3 EL Kürbiskerne zum Bestreuen

**1** Den Backofen auf 175 °C vorheizen. Eine Kastenform einfetten und mit Haferkleie ausstreuen.

**2** Das Mandelmehl mit den Leinsamen, dem Sojamehl, dem Vollkornmehl, der Haferkleie, dem Backpulver und 1 gestr. TL Salz in einer Rührschüssel mischen. Den Quark und die Eiweiße dazugeben und mit den Quirlen des Handrührgeräts unterrühren. Den Teig in die vorbereitete Form füllen, mit Kürbiskernen bestreuen und im Ofen auf der mittleren Schiene 50 bis 55 Minuten backen.

**3** Das Brot herausnehmen und etwa 10 Minuten in der Form ruhen lassen. Dann vorsichtig aus der Form stürzen und auf einem Kuchengitter auskühlen lassen.

**Tipp:** Da hier nur die Eiweiße gebraucht werden, können Sie die Eigelbe leicht verquirlt für den Vorrat einfrieren und für anderes Gebäck verwenden.

# EASY-MORNING-PANCAKE-MIX

Diese Idee stammt von der britischen Starköchin Nigella Lawson und hat mich als
Morgenmuffel sofort überzeugt: Die trockenen Zutaten für diese extrafluffigen Pancakes werden
auf Vorrat gemischt, sodass Sie morgens nur noch drei Dinge hinzufügen müssen
und der Teig völlig stressfrei bereit zum Backen ist.

**Für den Pancake-Mix
(für 4 × 4 Portionen)**

600 g Mehl

2 TL Backpulver

2 TL Natron

Salz

2 Päckchen Vanillezucker

30 g Zucker

**Für die Pancakes
(für 4 Portionen;
14–16 kleine Pancakes)**

1 Ei

250 g Buttermilch

1 EL zerlassene Butter

150 g Pancake-Mix

ca. 4 TL Öl zum Braten

**1** Für den Pancake-Mix Mehl, Backpulver, Natron, 1 TL Salz, Vanillezucker und Zucker in ein großes Schraub- oder Vorratsglas geben und gründlich mischen. Gut verschlossen hält sich der Mix bis zu 1 Jahr.

**2** Für die Pancakes das Ei mit der Buttermilch und der zerlassenen Butter in einer Rührschüssel verquirlen. Den Pancake-Mix dazugeben und mit dem Schneebesen kurz verrühren, sodass die Zutaten sich gerade eben verbunden haben. Nicht zu lange und nicht mit dem Handrührgerät rühren, dann werden die Pancakes besonders fluffig.

**3** In einer großen Pfanne 1 TL Öl erhitzen. Pro Pancake etwa 1 EL Teig in die Pfanne geben und mit dem Löffel etwas flach streichen, er sollte etwa 8 cm Durchmesser haben. Etwa 3 Minuten backen, bis an der Oberfläche kleine Bläschen zu sehen sind. Wenden und etwa 2 Minuten backen. Aus der Pfanne nehmen und warm halten, bis alle Pancakes gebacken sind.

**Tipp:** Servieren Sie zu den Pancakes nach Belieben Zimtzucker, Ahornsirup, den Blaubeer-Ahornsirup von Seite 70, frische Früchte, Obstsalat und/oder 1 Klecks Vanillejoghurt.

# BANANA-BREAD

Halb Brot, halb Kuchen, lieben das aromatische Vollkornbananenbrot vor allem Süßschnäbel
zum Frühstück. Es bleibt lange frisch und schmeckt auch kurz getoastet gut. Besonders lecker:
zwei dünne Scheiben mit Frischkäse bestreichen und zum Sandwich zusammensetzen.

**Für 1 Kastenform
(25 cm Länge; ca. 16 Scheiben)**

Fett und brauner Zucker für die Form
250 g Dinkelvollkornmehl
25 g Kokosraspel
½ Päckchen Backpulver
½ TL Zimtpulver
Salz
75 g Pekannusskerne
3 große reife Bananen
2 Eier
100 g brauner Zucker
Mark von 1 Vanilleschote
75 ml Sonnenblumenöl
175 g Buttermilch

**1** Den Backofen auf 175 °C vorheizen. Eine Kastenform einfetten und dünn mit braunem Zucker ausstreuen. Das Mehl mit den Kokosraspeln, dem Backpulver, dem Zimt und 1 Prise Salz in einer Rührschüssel mischen. Die Nüsse grob hacken. Die Bananen schälen, in Stücke schneiden und mit einer Gabel zerdrücken.

**2** In einer zweiten Rührschüssel die Eier mit dem braunen Zucker, dem Vanillemark und dem Öl mit den Schneebesen des Handrührgeräts etwa 5 Minuten aufschlagen. Die zerdrückten Bananen unterrühren. Die Mehlmischung im Wechsel mit der Buttermilch kurz unterrühren, sodass die Zutaten sich gerade eben verbunden haben. Die gehackten Nüsse unterheben.

**3** Den Teig in die vorbereitete Form füllen und im Ofen auf der mittleren Schiene etwa 1 Stunde backen. Das Brot aus dem Ofen nehmen und etwa 15 Minuten in der Form abkühlen lassen. Vorsichtig auf ein Kuchengitter stürzen und auskühlen lassen.

# REICHE RITTER-ROLLEN

*Von arm kann bei dieser Füllung aus Beeren und Schokoküssen
wirklich keine Rede mehr sein ... Am besten ganz frisch aus der Pfanne genießen.
So schmecken sie nicht nur kleinen Leckermäulchen am allerbesten.*

**Für 4 Portionen**

8 Mini-Schokoküsse

2 Eier

4 EL Milch

4 Scheiben Sandwichtoast

8 Himbeeren

Butterschmalz zum Braten

1 Päckchen Vanillezucker

1 EL Zucker

**1** Von den Schokoküssen die Waffelböden entfernen und anderweitig verwenden. Die Eier mit der Milch in einem tiefen Teller verquirlen. Die Toastscheiben einzeln mit einer Teigrolle möglichst flach ausrollen und mit etwas Wasser besprenkeln. Je 2 Schaumküsse und 2 Himbeeren auf eine Seite der Toastscheibe legen und leicht andrücken. Die Toastscheibe vorsichtig einrollen und mit der Naht nach unten auf einen Teller legen.

**2** Sobald alle Rollen fertig sind, die Toastrollen vorsichtig in der Eiermilch wenden. Das Butterschmalz in einer großen Pfanne erhitzen und die Rollen darin auf der Nahtseite kurz anbraten. Dann etwa 2 Minuten unter vorsichtigem Wenden rundum goldbraun braten.

**3** Den Vanillezucker mit dem Zucker auf einem flachen Teller mischen und die fertigen Rollen darin wenden. Sofort servieren.

**Tipp:** Die Toastscheiben trocknen nach dem Ausrollen schnell aus und lassen sich dann nur noch schlecht rollen. Deshalb jede Scheibe sofort nach dem Besprenkeln füllen und aufrollen.

# MINI-SCHOKOLADEN-BRIOCHES

*Der fluffige Teig wird mit Orangenschale und dunkler Schokolade
zu einem ganz besonderen Genuss. Keine Angst, spezielle Förmchen brauchen Sie
für das süße Gebäck nicht: Das Muffinblech ist ideal!*

**Für 12 Stück**

1 Bio-Orange
500 g Mehl
1 Päckchen Trockenhefe (7 g)
75 g Zucker
Salz
225 ml Milch
75 g Butter
1 Ei
75 g Zartbitterschokolade
(mind. 70 % Kakaoanteil)
Butter für das Muffinblech
1 Eigelb und 1 EL Milch zum
Bestreichen

**1** Die Orange heiß waschen, trocken reiben und die Schale fein abreiben. Das Mehl mit der Hefe, dem Zucker, 1 Prise Salz und der Orangenschale in einer Rührschüssel mischen. Die Milch lauwarm erwärmen. Den Topf vom Herd nehmen, die Butter zur Milch geben und unter Rühren darin schmelzen. Die Milchmischung und das Ei zur Mehlmischung geben und alles zuerst mit den Knethaken des Handrührgeräts, dann mit den Händen zu einem geschmeidigen Teig verkneten. Zugedeckt an einem warmen Ort etwa 1 Stunde gehen lassen, bis der Teig sein Volumen fast verdoppelt hat.

**2** Inzwischen die Schokolade grob hacken. Ein Muffinblech mit zwölf Mulden gut einfetten.

**3** Den Backofen auf 200 °C vorheizen. Aus dem fertigen Teig in der Schüssel mit den Fäusten die Luft rausschlagen, die Schokolade dazugeben und unterkneten. Den Teig in 12 gleich große Stücke teilen. Jedes Stück dritteln und zu 3 kleinen Kugeln formen. Jeweils 3 Kugeln nebeneinander in eine Muffinmulde setzen. Den Teig zugedeckt etwa 15 Minuten gehen lassen.

**4** Das Eigelb mit der Milch verquirlen und die Brioches damit bestreichen. Im Ofen auf der zweiten Schiene von unten etwa 20 Minuten backen. Herausnehmen und kurz in der Form abkühlen lassen. Dann herauslösen und lauwarm servieren oder auf einem Kuchengitter auskühlen lassen.

# MÜSLI-SCONES

Der Teig für diese kleinen Engländer ist so einfach zusammengerührt und in nur 15 Minuten gebacken, dass Sie Ihre Lieben damit sogar unter der Woche verwöhnen können.

**Für ca. 12 Stück**

275 g Mehl

2 TL Backpulver

½ TL Natron

Salz

50 g brauner Zucker

125 g kalte Butter

100 g kalte Buttermilch

1 Ei

30 g Haferflocken

50 g Rosinen

Mehl für die Arbeitsfläche und zum Verarbeiten

**1** Den Backofen auf 200 °C vorheizen. Mehl, Backpulver, Natron, ¼ TL Salz und den braunen Zucker in eine Rührschüssel geben und mischen. Die Butter in kleine Würfel schneiden und mit den Fingerspitzen unter die Mehlmischung arbeiten, bis nur noch erbsengroße Butterstückchen vorhanden sind.

**2** Die Buttermilch und das Ei verquirlen, zur Mehlmischung geben und mit einer Gabel kurz untermischen, bis sich die Zutaten gerade so zu einem Teig verbunden haben. Die Haferflocken und die Rosinen unterheben.

**3** Den Teig auf die gut bemehlte Arbeitsfläche stürzen und mit leicht bemehlten Händen zu einem etwa 2 cm hohen Teigfladen formen. Mit einem Glas (etwa 6 cm Durchmesser) etwa 12 Kreise ausstechen und auf ein mit Backpapier belegtes Backblech legen. Im Ofen auf der mittleren Schiene etwa 15 Minuten backen, herausnehmen und lauwarm abkühlen lassen.

**Tipp:** Die Scones in einer Blechdose aufbewahren. So bleiben Sie 2 bis 3 Tage frisch. Sie schmecken besonders gut mit Butter und Honig oder Konfitüre.

# APFELWAFFELN

*Nicht nur in der Adventszeit macht ein Waffelfrühstück gute Laune. Diese Mischung ist so ausgewogen, dass Sie sich die gesunden und satt machenden Waffeln ganz ohne schlechtes Gewissen gönnen können.*

**Für 4 Portionen**

175 g Vollkornmehl

75 g Mehl

2 EL brauner Zucker

1 EL Backpulver

Salz

½ TL Zimtpulver

3 Eier

250 g Naturjoghurt

¼ l Milch

4 EL zerlassene Butter

1 großer Apfel

Fett für das Waffeleisen

60 g gehackte Walnüsse

**1** Beide Mehlsorten mit dem braunen Zucker, dem Backpulver, 1 Prise Salz und dem Zimt in einer Rührschüssel mischen. Die Eier trennen. Die Eiweiße steif schlagen.

**2** Die Eigelbe in einer zweiten Rührschüssel mit dem Joghurt, der Milch und der zerlassenen Butter glatt rühren. Den Apfel waschen, vierteln, schälen und das Kerngehäuse entfernen. Auf der groben Seite der Haushaltsreibe zur Eigelbcreme raspeln. Die Mehlmischung kurz unterrühren. Den Eischnee unterheben.

**3** Das Waffeleisen vorheizen und einfetten. Aus dem Teig nacheinander 8 bis 10 goldbraune Waffeln backen, dabei das Waffeleisen immer wieder einfetten und den Waffelteig jeweils mit einigen Nüssen bestreuen. Die Waffeln sofort servieren.

**Tipp:** Zu den Waffeln schmecken Puderzucker, Ahornsirup und Apfelschnitze, Apfelmus, der Blaubeer-Ahornsirup von Seite 70, Vanillejoghurt oder ein Obstsalat und an Feiertagen natürlich auch Schlagsahne.

# EIERVARIANTEN

## SPECK-EIER AUS DER MUFFINFORM

*praktisch für viele Gäste*

Für 8 Stück den Backofen auf 180 °C vorheizen. Acht Mulden eines Muffinblechs einfetten und mit **je 2 Scheiben Frühstücksspeck** auslegen. **4 Eier** mit **100 ml Milch, 60 g Sahne, 1 EL gehacktem Basilikum, Salz** und **Pfeffer** verquirlen. Die Masse in die mit Speck ausgelegten Muffin-mulden füllen. Im Ofen auf der mittleren Schiene etwa 12 Minuten backen, bis die Masse gestockt ist. Nach etwa 7 Minuten die Eier mit insgesamt **25 g geriebenem Parmesan** bestreuen. Die Form aus dem Ofen nehmen, die Eier aus der Form lösen und warm servieren.

**VARIANTE:** Für Veggie-Eier von einer Möhre mit dem Sparschäler möglichst breite, hauchdünne Streifen abziehen und die Muffinmul-den anstelle von Speck damit auslegen.

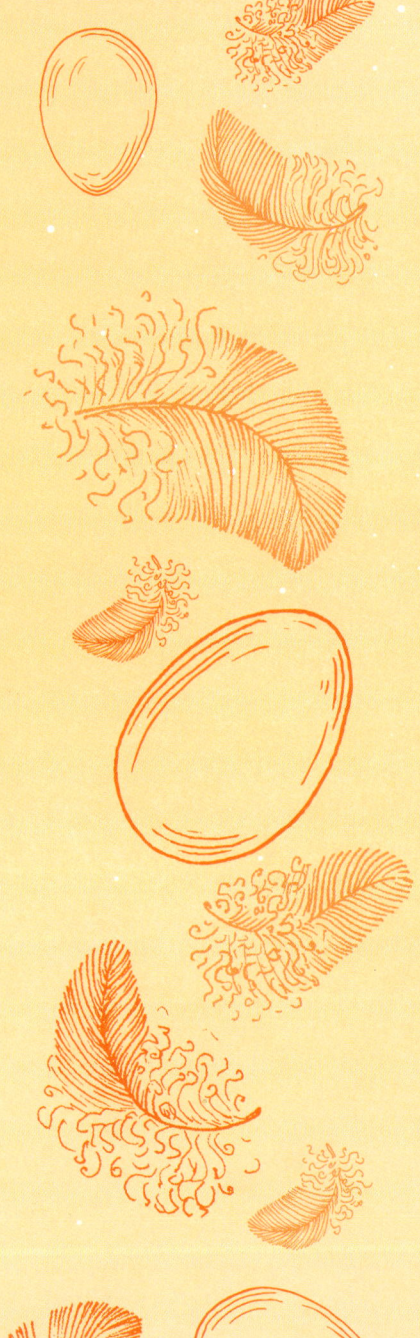

## POCHIERTE EIER AUF SPINAT

*das Sieb macht's*

Für 4 Portionen **1 kleine Zwiebel** schälen und in feine Würfel schneiden. **12 getrocknete Soft-Tomaten** in schmale Streifen schneiden. **400 g jungen Spinat** waschen und trocken schütteln. **1 l Wasser** mit **Essig** und **1 EL Salz** erhitzen. **4 Eier** nacheinander in eine Tasse aufschlagen, von dort jeweils in ein feinmaschiges Küchensieb geben, ins Wasser halten, vorsichtig aus dem Sieb ins Wasser gleiten lassen und etwa 5 Minuten garen. Inzwischen **2 EL Olivenöl** in einer großen Pfanne erhitzen. Die Zwiebel darin andünsten. Die Tomaten dazugeben. Den Spinat nach und nach hinzufügen und unter Wenden zusammenfallen lassen. Mit **Salz, Pfeffer** und etwas **frisch geriebener Muskatnuss** würzen. **4 TL Crème fraiche** ein-rühren. Die pochierten Eier mit einer Schaumkelle aus dem Wasser heben und auf Küchenpapier abtropfen lassen. Den Spinat auf vier Tel-lern verteilen und je 1 Ei darauf anrichten. **Dazu schmeckt Toastbrot.**

# DAS PERFEKTE FRÜHSTÜCKSEI

Die einfachsten Dinge sind ja oft die schwierigsten. Und so ist auch beim Frühstücksei nicht selten die Enttäuschung groß beim Köpfen. Mal ist der Dotter schon zu hart, mal das Eiweiß noch glibberig. Hier hilft nur die richtige Technik, und genau auf die Uhr zu schauen.

- Alle verwendeten Eier sollten etwa gleich groß sein. Sonst ist die Garzeit zu unterschiedlich.

- Nehmen Sie die Eier etwa 30 Minuten vor dem Kochen aus dem Kühlschrank. Kühlschrankkalt haben sie eine etwas längere Kochzeit.

- Ausreichend Wasser aufkochen. Alle Eier sollten später knapp davon bedeckt sein.

- Das Anpiksen der Eier, damit die Schale nicht platzt, können Sie sich sparen: Laut Studien geht bei zehn Prozent der angepiksten Eier die Schale kaputt und bei zwölf Prozent der nicht angepiksten.

- Sobald das Wasser kocht, die Eier einzeln mithilfe eines Esslöffels sanft ins Wasser gleiten lassen.

- Timer stellen und die Eier kochen lassen. Für weiche Eier: 3 bis 4 Minuten, für wachsweiche Eier: 5 bis 6 Minuten, für hart gekochte Eier: 8 bis 10 Minuten.

- Bei kleinen Eiern eher die kürzere Kochzeit nehmen, bei größeren Eiern oder kühlschrankkalten Eiern eher die längere Zeit.

- Eier sofort aus dem Wasser nehmen und kalt abschrecken, um den Kochvorgang zu stoppen. Sind die Eier unterschiedlich groß, erst die kleinen, dann die großen Eier herausnehmen.

- Bis zum Servieren unter einem Tuch oder mit Eierwärmern warm halten.

# EIER IM GLAS

### feiner Klassiker

Für 4 Portionen **4 Eier** in kochendem Wasser 5 bis 6 Minuten wachsweich garen. Inzwischen **2 Scheiben Räucherlachs** in feine Streifen schneiden. **5 Stiele Dill** waschen und trocken schütteln, die Spitzen abzupfen und – bis auf 4 zum Garnieren – fein schneiden. **100 g Schmand** mit **2 EL mittelscharfem Senf** und **1 TL flüssigem Honig** glatt rühren, mit **Salz** und **Pfeffer** würzen und in vier weite Gläser verteilen. Die Eier kalt abschrecken und vorsichtig pellen. In die Gläser setzen. Die Lachsstreifen und **2 EL Forellenkaviar** darauf verteilen. Mit dem übrigen Dill garnieren.

# FRENCH-TOAST-STICKS

*Das wird nicht nur Kinder begeistern: Die knusprig gebratenen*
*Brotstreifen lassen sich ganz unkompliziert mit der Hand essen und werden*
*von einer fruchtigen Sauce zum Dippen ergänzt.*

**Für 4 Portionen**

125 g Himbeeren

7 TL Zucker

4 dicke Scheiben Kastenweißbrot

(à ca. 60 g und ca. 1 ½ cm dick;

vom Vortag)

2 Eier

100 ml Milch

2 EL Öl zum Braten

1 Päckchen Vanillezucker

1 TL Zimtpulver

**1** Für die Sauce die Himbeeren verlesen und waschen. Pürieren und durch ein feines Sieb in einen Topf streichen. Das Püree mit 1 TL Zucker aufkochen und unter Rühren 3 bis 4 Minuten einkochen lassen. Vom Herd nehmen und in eine Schale füllen.

**2** Jede Brotscheibe in 4 bis 5 Sticks schneiden. Die Eier mit der Milch und dem übrigen Zucker verquirlen. Die Brotsticks in eine flache Auflaufform legen. Mit der Eiermilch übergießen und 2 bis 3 Minuten ziehen lassen. Die Sticks wenden und wieder etwa 3 Minuten ziehen lassen.

**3** Das Öl in einer großen Pfanne erhitzen. Die Sticks darin portionsweise unter Wenden etwa 5 Minuten goldbraun braten. Inzwischen den Vanillezucker mit dem Zimt mischen und auf einem flachen Teller verteilen. Die French-Toast-Sticks darin wenden und mit der Himbeersauce anrichten.

# GEFÜLLTE CROISSANTS

Mit einem Herz aus Pesto, Parmaschinken und Mozzarella
wird der fertige Croissantteig ruck, zuck zum Italo-Hit und verwöhnt alle,
die es morgens gerne etwas herzhafter mögen.

**Für 6 Stück**

1 Packung Croissantteig (aus dem Kühlregal; 360 g, 36 × 21 cm)
6 TL Pesto (Sorte nach Geschmack)
3 Scheiben Parmaschinken
½ Kugel Mozzarella (ca. 65 g)
1 Ei zum Bestreichen

**1** Den Backofen auf 200 °C vorheizen. Den Teig aus dem Kühlschrank nehmen und auf dem dazugehörigen Backpapier entrollen. Die sechs markierten Dreiecke mit einem Messer auseinanderschneiden.

**2** Jedes Dreieck mit 1 TL Pesto bestreichen. Die Schinkenscheiben jeweils längs halbieren. Den Mozzarella in 6 Stücke schneiden. Jedes Dreieck mit 1 Scheibe Schinken und 1 Stück Mozzarella belegen. Die Dreiecke von der langen Seite beginnend zur Spitze hin locker aufrollen.

**3** Die gefüllten Teigstücke auf ein mit Backpapier belegtes Backblech legen und zu Hörnchen formen. Das Ei verquirlen und die Croissants damit bestreichen. Im Ofen auf der mittleren Schiene 15 bis 18 Minuten goldbraun backen. Herausnehmen und warm oder kalt servieren.

**VARIANTE:** Für Veggie-Croissants anstelle des Schinkens je 1 TL geröstete Pinienkerne in die Croissants füllen.

# PIKANT GEFÜLLTE PFANNKUCHEN

Chorizo, Gemüse und Käse machen die Pfannkuchen
zu einem deftigen Genuss, der nicht nur nach etwas längeren Nächten guttut.
Praktisch: Teig und Zutaten für die Füllung vorbereiten, über Nacht kühl stellen.

**Für 4 Portionen**

**Für den Teig**

250 g Mehl

400 ml Milch

Salz

2 Eier

**Für die Füllung**

50 g Chorizo (span. Paprikawurst;
am Stück)

4 Frühlingszwiebeln

1 rote Spitzpaprikaschote

150 g Champignons

Salz

Pfeffer aus der Mühle

1 TL getrocknete italienische Kräuter

50 g geraspelter Käse

**Außerdem**

4 TL Öl zum Braten

**1** Für den Teig das Mehl in eine Rührschüssel geben und die Milch mit dem Schneebesen unterrühren. ¼ TL Salz und die Eier dazugeben und alles zu einem glatten Teig verrühren. Den Teig beiseitestellen.

**2** Für die Füllung die Chorizo häuten, längs halbieren und in kleine Stücke schneiden. Die Frühlingszwiebeln putzen, waschen und in feine Ringe schneiden. Die Paprikaschote längs halbieren, entkernen, waschen und in kleine Würfel schneiden. Die Pilze putzen, falls nötig, mit Küchenpapier trocken abreiben, und je nach Größe halbieren oder vierteln.

**3** Den Backofen auf 100 °C vorheizen. Die Chorizo in einer großen Pfanne ohne Fett unter Wenden 2 bis 3 Minuten anbraten. Die Frühlingszwiebeln, die Paprikawürfel und die Pilze dazugeben und unter Wenden etwa 5 Minuten braten. Mit Salz, Pfeffer und den getrockneten Kräutern würzen. Aus der Pfanne nehmen.

**4** Die Pfanne auswischen und 1 TL Öl darin erhitzen. Ein Viertel des Teigs hineingeben und durch Schwenken der Pfanne verteilen. Bei mittlerer Hitze auf jeder Seite 2 bis 3 Minuten goldbraun backen. Nach dem Wenden mit einem Viertel der Füllung belegen und ein Viertel des Käses darüberstreuen. Die Pfannkuchen zusammenklappen, auf einen Teller legen und im Ofen warm halten. Auf die gleiche Weise 3 weitere Pfannkuchen backen und füllen. Aus dem Ofen nehmen und warm servieren.

**TIPP:** Die Pfannkuchen lassen sich natürlich auch anders füllen. Für eine schnelle herzhafte Füllung jeden Pfannkuchen mit je 1 Scheibe Kochschinken und 1 Scheibe Schnittkäse belegen und aufrollen. Süßschnäbel bestreichen die Pfannkuchen mit Konfitüre oder Nuss-Nougat-Creme und rollen sie auf oder servieren sie mit Obstsalat.

# KÄSE-APFEL-OMELETT

*Äpfel, Ziegenkäse und Thymian machen als aromatisches Trio*
*diese Omeletts zu einem ganz besonderen Genuss.*

**Für 4 Portionen**

2 Äpfel

5 TL Öl

1 Rolle Ziegenweichkäse (180 g)

5 Zweige Thymian

8 Eier

2 TL Milch

Salz

Pfeffer aus der Mühle

**1** Die Äpfel waschen, schälen und mit dem Apfelausstecher das Kerngehäuse entfernen. Die Äpfel in dünne Scheiben schneiden. 1 TL Öl in einer großen Pfanne erhitzen. Die Apfelscheiben darin in zwei Portionen unter Wenden jeweils 3 bis 4 Minuten braten. Inzwischen den Ziegenweichkäse in 16 dünne Scheiben schneiden. Den Thymian waschen, trocken schütteln und die Blättchen abzupfen.

**2** Den Backofen auf 100 °C vorheizen. Die Eier mit der Milch und dem Thymian verquirlen. Mit Salz und Pfeffer würzen. In einer kleinen Pfanne (16 cm Durchmesser) 1 TL Öl erhitzen. Ein Viertel der Eiermasse hineingeben und durch leichtes Schwenken der Pfanne gleichmäßig verteilen. Bei mittlerer Hitze etwa 5 Minuten backen. Sobald die Oberseite beginnt, fest zu werden, ein Viertel der Apfelscheiben darauf verteilen und mit 4 Käsescheiben belegen. Mit geschlossenem Deckel etwa 3 Minuten backen, bis die Oberseite gestockt und der Käse geschmolzen ist. Das Käse-Apfel-Omelett vorsichtig auf einen Teller gleiten lassen und im Ofen warm halten.

**3** Auf die gleiche Weise 3 weitere Omeletts braten und warm halten. Aus dem Ofen nehmen und warm servieren.

# DRAUF UND DRAN

Egal ob Sie morgens ein Süßschnabel sind oder ein Fan von Herzhaftem:
Hier finden Sie Ihr i-Tüpfelchen für das Frühstücksbrötchen. Denn fruchtig-süße
oder deftig-würzige Aufstriche bringen mit einem Streich eine Prise Raffinesse
in Ihren Morgen. Plus: Sie lassen sich prima vorbereiten und halten sich eine Weile.
Dazu gibt es tolle Extras, die auch Pancakes & Co. komplett machen.

# SÜßE HIMBEERBUTTER

*Gemischt mit frischen Himbeeren bekommt die Butter nicht nur eine tolle Farbe, sondern auch ein unwiderstehliches Aroma.*

**Für ca. 8 Portionen (à ca. 10 g)**

20 g Himbeeren
1 Päckchen Vanillezucker
60 g zimmerwarme Butter

**1** Die Himbeeren verlesen und waschen. Mit einer Gabel zerdrücken und durch ein feines Sieb streichen, um die Kerne zu entfernen. Das Himbeerpüree mit dem Vanillezucker mischen und rühren, bis sich der Zucker aufgelöst hat.

**2** Die Himbeer-Zucker-Mischung zur Butter geben und beides mit einer Gabel verkneten, bis es sich gut verbunden hat. In ein kleines Schälchen füllen. Die Himbeerbutter hält sich zugedeckt und gekühlt etwa 5 Tage und schmeckt nicht nur auf Brot oder Brötchen, sondern auch zu Pancakes oder Pfannkuchen.

# BLITZSCHNELLES FRÜCHTE-DUO

*Kalt gerührt ist der Fruchtaufstrich nicht nur schnell fertig, sondern auch aromatischer als die gekochte Variante. Er schmeckt als Brotaufstrich, verfeinert aber auch Pfannkuchen, Joghurt oder Quark.*

**Für 2 Gläser (à ca. 350 ml)**

1 reife Mango
ca. 275 g Erdbeeren
2 Päckchen Gelierzucker für kalt-
gerührte Fruchtaufstriche (à 125 g)

**1** Die Mango schälen, das Fruchtfleisch auf den flachen Seiten vom Stein schneiden, in grobe Würfel schneiden und 250 g abwiegen. Die Erdbeeren waschen, trocken tupfen, putzen und halbieren oder vierteln. Ebenfalls 250 g abwiegen.

**2** Die Erdbeeren mit 1 Päckchen Gelierzucker in einem hohen Rührbecher mit dem Stabmixer etwa 45 Sekunden gut durchmixen. Das Erdbeerpüree bis auf etwa 2 EL in zwei saubere, heiß ausgespülte Schraubgläser füllen.

**3** Die Mangowürfel mit dem übrigen Päckchen Gelierzucker in einem hohen Rührbecher mit dem Stabmixer etwa 45 Sekunden gut durchmixen. Das Püree auf den Erdbeeraufstrich in die Gläser geben. Je 1 EL von dem zurückbehaltenen Erdbeeraufstrich spiralförmig auf den Mangoaufstrich geben. Die Gläser verschließen und in den Kühlschrank stellen. So hält sich der Aufstrich etwa 2 Wochen.

# BLAUBEER-AHORNSIRUP

Mit herb-fruchtigen Beeren verfeinert schmeckt der süße Sirup unwiderstehlich zu frisch gebackenen Pancakes, Waffeln oder Ähnlichem. Er lässt sich gut vorbereiten und wartet dann im Kühlschrank auf seinen großen Auftritt am Frühstückstisch.

**Für 4 Portionen**

300 g Blaubeeren
6 EL Ahornsirup

**1** Die Blaubeeren verlesen, waschen und trocken tupfen. 150 g Beeren mit dem Ahornsirup und 150 ml Wasser in einem kleinen Topf aufkochen. Bei schwacher Hitze 5 bis 6 Minuten köcheln, bis die Beeren zerfallen. Die Beeren samt Flüssigkeit durch ein feines Sieb streichen und den Sirup auffangen.

**2** Die restlichen Beeren unter den Sirup rühren. Gut verschlossen im Kühlschrank hält sich der Blaubeer-Ahornsirup etwa 3 Tage. Er schmeckt zu den Pancakes von Seite 48, den Apfelwaffeln von Seite 56 oder den ungefüllten Pfannkuchen von Seite 63, aber auch als Topping zu Overnight-Oats (Seite 22), Porridge (Seite 25), Quark oder Joghurt.

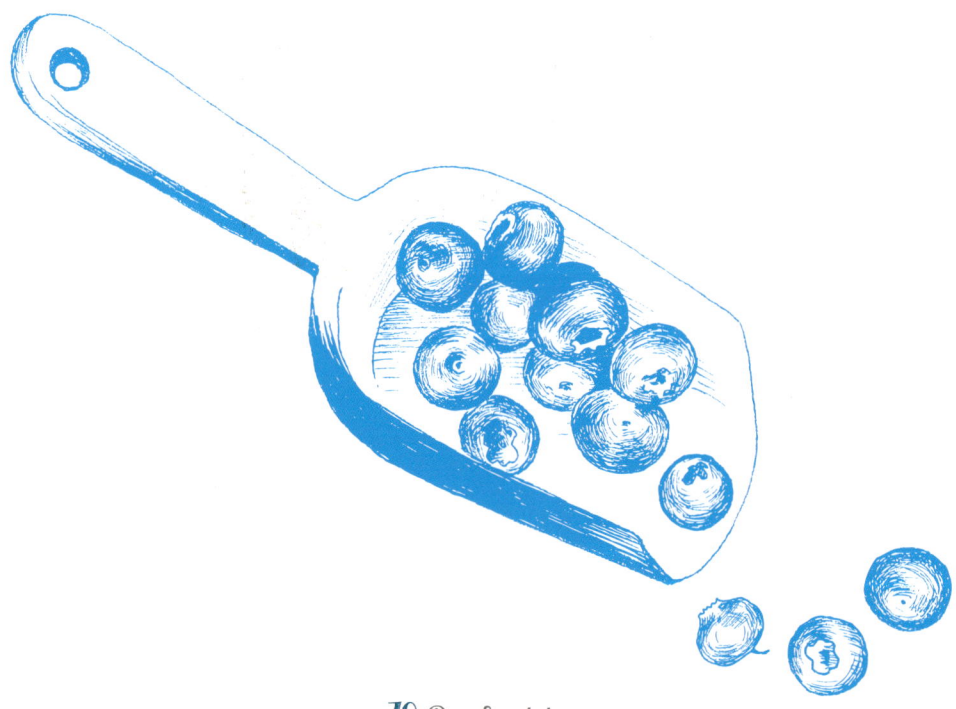

# TAHIN-HONIG

Diesen Aufstrich habe ich als Tahinómelo zum ersten Mal in Griechenland gegessen. Unglaublich, wie aus nur zwei Zutaten so etwas Leckeres entstehen kann. Und viel Kalzium, Magnesium und gesundes Fett aus der Sesampaste tun uns auch noch gut.

**Für 1 kleines Glas (ca. 200 ml)**

100 g helles Tahin (Sesampaste; aus dem Bioladen oder türkischen Lebensmittelgeschäft)

75 g flüssiger Honig

**1** Das Tahin mit dem Honig in eine kleine Schüssel geben und gründlich verrühren, bis sich beides gut vermischt hat.

**2** Den Tahin-Honig in ein sauberes Schraubglas füllen und im Kühlschrank aufbewahren. So hält er sich bis zu 3 Monate. Rechtzeitig vor der Verwendung aus dem Kühlschrank nehmen, dann lässt er sich besser verstreichen, zum Beispiel auf Brot oder Brötchen, Zwieback oder den ungefüllten Pfannkuchen von Seite 63.

**Tipp:** Mir schmeckt die Mischung so am besten. Wenn Sie es süßer mögen, geben Sie etwas mehr Honig dazu. Wenn Sie es weniger süß mögen, erhöhen Sie den Tahin-Anteil.

# MÖHREN-ORANGEN-KONFITÜRE

*Ja, Gemüse kann auch Konfitüre! Kombiniert mit saftig-säuerlichen Orangen werden die Möhren zu einem süßen Aufstrich, der allein schon durch seine Farbe gute Laune macht. Die leichte Kardamomnote verleiht dem Ganzen den letzten Schliff. Unbedingt probieren!*

**Für 4 Gläser (à ca. 350 ml)**

ca. 450 g Möhren
6–7 Orangen
500 g Gelierzucker 2:1
Saft von ½ Zitrone
¼ TL Kardamompulver

**1** Die Möhren putzen, schälen und fein raspeln. 350 g Möhrenraspel abwiegen und in einen Topf geben. Etwa 4 Orangen so großzügig schälen, dass auch die weiße Haut mit entfernt wird. Die Filets zwischen den einzelnen Trennhäuten herausschneiden, den austretenden Saft dabei in einem Messbecher auffangen. Die Orangenfilets je nach Größe halbieren oder dritteln und 350 g abwiegen. Zu den Möhren in den Topf geben. Die restlichen Orangen auspressen und den aufgefangenen Saft damit auf 300 ml auffüllen. Den Saft ebenfalls in den Topf gießen.

**2** Den Gelierzucker, den Zitronensaft und den Kardamom dazugeben und alles gut verrühren. Die Masse zum Kochen bringen und etwa 4 Minuten sprudelnd kochen lassen. Die Konfitüre sofort in heiß ausgespülte Schraubgläser füllen, verschließen und etwa 5 Minuten auf den Deckel stellen. Anschließend umdrehen. Die Konfitüre hält sich mindestens 6 Monate und schmeckt auf Brot und Brötchen, den Schokoladen-Brioches von Seite 52, den Müsli-Scones von Seite 54 oder den ungefüllten Pfannkuchen von Seite 63.

**TIPP:** Um sicherzugehen, dass die Konfitüre fest wird, macht man am besten eine Gelierprobe. Dazu einen kleinen Teller in den Kühlschrank stellen. Nach der Kochzeit der Konfitüre einen Teelöffel davon auf den Teller geben. Wird die Konfitüre innerhalb 1 Minute fest, ist sie fertig und kann abgefüllt werden. Wird sie nicht fest, etwa 2 Minuten weiterkochen und erneut testen.

# DER KAFFEE IST FERTIG!

## GEWÜRZKAFFEE

*herrlich aromatisch*

Für 4 Tassen **4 Kaffeemaß** voll **Kaffeepulver** mit **1 EL Lebkuchengewürz** mischen und in einen Kaffeefilter (Handfilter oder Kaffeemaschine) geben. Mit **800 ml** heißem **Wasser** überbrühen.

**VARIANTEN:** Statt Lebkuchengewürz können Sie auch die gleiche Menge **Zimtpulver, Ingwerpulver,** gemahlenen oder zerstoßenen **Kardamom** oder eine Mischung aus den 3 Gewürzen verwenden.

## ESPRESSO CIOCCOLATO

*für Schokofans*

Für 4 Tassen je **1 TL Nuss-Nougat-Creme** in vier Espressotassen geben. **4 Tassen Espresso** zubereiten (à ca. 50 ml) und dazugießen. Mit kleinen Löffeln zum Umrühren sofort servieren.

**VARIANTE:** Wer mag, serviert den Espresso „macchiato", also mit einem kleinen Häubchen aus **Milchschaum.**

# NUSS-MELANGE

## für einen guten Morgen

Für 4 Tassen (à ca. 150 ml) **40 g gemahlene Haselnüsse** und **1 EL braunen Zucker** in einer Pfanne ohne Fett unter ständigem Wenden goldbraun rösten. Mit **40 g Kaffeepulver** mischen und mit **400 ml** kochendem **Wasser** übergießen. Etwa 5 Minuten ziehen lassen, dann durch einen Kaffeefilter in eine Kanne gießen. Den Nusskaffee in vier Tassen füllen. **300 g Milch** erhitzen und mit einem Milchaufschäumer oder dem Schneebesen aufschäumen und auf dem Kaffee verteilen. Nach Belieben mit etwas **Haselnusskrokant** bestreuen und sofort servieren.

# HEIßE WEIßE SCHOKOLADE

## Verwöhnaroma

Für 4 Gläser **50 g Zartbitterkuvertüre** schmelzen und in einen kleinen Gefrierbeutel füllen. Eine kleine Spitze abschneiden und vier hitzefeste Gläser (à ca. 250 ml) innen damit bespritzen. Kühl stellen. Von 25 g Zarbitterkuvertüre mit dem Sparschäler Locken abziehen und ebenfalls kühl stellen. ¾ l **Milch** mit dem ausgekratzten **Mark von 1 Vanilleschote, 1 TL fein abgeriebener Bio-Orangenschale** und **je 1 Msp. Zimtpulver** und **frisch geriebener Muskatnuss** aufkochen. Vom Herd nehmen, **150 g weiße Schokolade** in Stücken dazugeben und unter Rühren schmelzen. Die Schokolade in die vorbereiteten Gläser füllen und mit den Schokolocken und nach Belieben noch etwas Orangenschale verzieren.

**VARIANTE:** An Sonntagen die Schokolade mit einem kleinen Häubchen aus geschlagener Sahne krönen und dieses mit Schokolocken bestreuen.

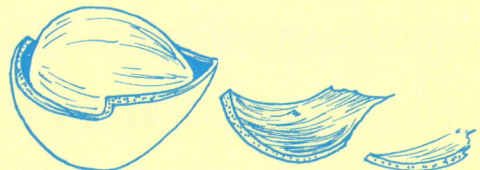   

# BAMBINO-CAPPUCCINO

Für 4 Tassen **600 ml Milch** mit **1 EL Puderzucker** und **30 g** gehackter **Zartbitterkuvertüre oder -schokolade** unter Rühren erhitzen. Sobald die Kuvertüre oder Schokolade geschmolzen ist, **1 TL Kakaopulver** unterrühren. Inzwischen **200 ml Milch** mit dem **Mark von 1 Vanilleschote** in einem Milchaufschäumer erhitzen und aufschäumen oder in einem zweiten Topf erhitzen und mit dem Schneebesen aufschäumen. Den Kakao auf vier Tassen verteilen und mit dem Vanille-Milchschaum krönen. Den Bambino-Cappuccino mit etwas **Kakaopulver** bestäuben und sofort servieren.

*schmeckt kleinen und großen Kindern*

# SCHOKO-HASELNUSSCREME

*Im Gegensatz zu der Creme, die es im Supermarkt gibt, stecken hier tatsächlich jede Menge Haselnüsse drin. Das macht diese Variante mit hochwertigem Fett, nervenstärkenden B-Vitaminen und Mineralien sogar richtig gesund.*

**Für 1 kleines Glas (ca. 250 ml)**

125 g Haselnusskerne

50 ml Ahornsirup

3 TL Kakaopulver

Mark von ½ Vanilleschote

Salz

**1** Die Haselnüsse in einer großen Pfanne ohne Fett unter Wenden etwa 3 Minuten rösten, dabei nicht bräunen. Kurz abkühlen lassen. Die Nüsse in den Mixer oder Blitzhacker geben und zu einer cremigen Masse zerkleinern. Das kann bis zu 10 Minuten dauern.

**2** Den Ahornsirup, das Kakaopulver, das Vanillemark und 1 Prise Salz hinzufügen und gut untermixen. Nach und nach 50 bis 60 ml Wasser untermixen, bis eine cremige Paste entstanden ist. Die Schoko-Haselnusscreme in ein sauberes Schraubglas geben. Im Kühlschrank hält sie sich etwa 3 Tage. Sie schmeckt, außer auf Brot und Brötchen, auch auf den ungefüllten Pfannkuchen von Seite 63.

# ERDNUSSCREME

Selbst gemacht schmeckt sie einfach am besten und Sie wissen außerdem genau,
was drin ist. Der Aufstrich enthält einen guten Mix aus Pflanzeneiweiß, Ballaststoffen und
guten Fetten, der ihn zum empfehlenswerten Sattmacher macht.

**Für 1 Glas (ca. 350 ml)**

300 g ungesalzene Erdnusskerne
2 EL neutrales Öl (z.B. Sonnenblumen-
oder Erdnussöl)
Salz
1–2 TL brauner Zucker

**1** Die Erdnüsse in einer großen Pfanne ohne Fett unter Wenden etwa 3 Minuten rösten, dabei nicht bräunen. Herausnehmen, mit dem Öl in den Mixer oder Blitzhacker geben und zu einer cremigen Masse zerkleinern. Das kann bis zu 10 Minuten dauern. Die Mischung zwischendurch immer wieder mit dem Teigschaber nach unten schieben.

**2** Sobald die Masse schön cremig ist, 2 Msp. Salz und den braunen Zucker unterrühren. Die Erdnusscreme in ein sauberes Schraubglas füllen und im Kühlschrank aufbewahren. So hält sie sich etwa 1½ Wochen. Die Creme schmeckt auf Brot und Brötchen, aber auch in Smoothies, auf Apfelschnitzen oder Pfannkuchen.

**VARIANTEN:** Für eine pikante Erdnusscreme nur 1 Prise Zucker dazugeben und noch ½ TL Chilipulver unterrühren. Für eine süßere Zimt-Erdnusscreme 4 TL braunen Zucker und ½ TL Zimtpulver unterrühren.

# CASHEW-PAPRIKA-CREME

Für alle, die morgens herzhaft, aber vegan in den Tag starten wollen,
ist dieser raffinierte „Frischkäse" mit etwas chilischarfem Sambal Oelek
genau das Richtige für das Frühstücksbrötchen.

**Für 4–6 Portionen**

100 g Cashewkerne

145 g gegrillte Paprikaschoten in Öl
(aus dem Glas)

ca. 1 TL Sambal Oelek (indonesische
Chilipaste; je nach gewünschter
Schärfe)

½ TL Paprikapulver (edelsüß)

Salz

Pfeffer aus der Mühle

Paprikapulver zum Bestäuben

**1** Die Cashewkerne in eine Schale geben und mit Wasser bedecken.
Zugedeckt über Nacht im Kühlschrank einweichen lassen.

**2** Am nächsten Tag die Cashewkerne abgießen und gut abtropfen lassen. Die gegrillten Paprikaschoten in ein Sieb geben und ebenfalls gut
abtropfen lassen. Mit Küchenpapier etwas abtupfen.

**3** Die Cashewkerne mit den Paprikaschoten, dem Sambal Oelek und
dem Paprikapulver in einen hohen Rührbecher oder Mixer geben, mit
Salz und Pfeffer würzen und so fein wie möglich pürieren. Die Creme
in eine kleine Schüssel oder ein Schraubglas füllen und mit etwas Paprikapulver bestäubt servieren. Im Kühlschrank hält sie sich 3 bis 4 Tage
frisch und schmeckt auf Brot und Brötchen, aber auch als Dip zu Ge-
müsesticks oder als Aufstrich für herzhafte Wraps.

**VARIANTE:** Wenn Sie es weniger scharf mögen, können Sie statt
Sambal Oelek mildes Ajvar (Paprikapaste) verwenden.

# APFEL-CHUTNEY

Wie gut, dass sich diese süßsaure Mischung so gut auf Vorrat machen lässt. Denn damit peppen Sie jede Käseplatte beim Brunch und jedes Käsebrot im Handumdrehen auf.

**Für 4 Gläser (à ca. 300 ml)**

800 g Äpfel

200 g Schalotten

3 rote Chilischoten

400 g brauner Zucker

100 g getrocknete Cranberrys

½ TL Pfeffer aus der Mühle

1 TL Korianderpulver

Salz

400 ml Apfelessig

**1** Die Äpfel waschen, vierteln, schälen, entkernen und in kleine Würfel schneiden. Die Schalotten schälen und in feine Würfel schneiden. Beides mit 100 ml Wasser in einen Topf geben und 5 bis 10 Minuten köcheln lassen. Dabei ab und zu rühren.

**2** Inzwischen die Chilischoten längs halbieren, entkernen, waschen und in feine Würfel schneiden. Chiliwürfel, Zucker, Cranberrys, Pfeffer, Korianderpulver, 2 EL Salz und den Essig zur Apfelmischung geben und unterrühren. Das Ganze aufkochen und dann bei schwacher Hitze etwa 30 Minuten köcheln lassen. Dabei öfter umrühren.

**3** Das Chutney sofort in saubere Schraubgläser füllen, verschließen. Die Gläser etwa 5 Minuten auf den Deckel stellen, dann umdrehen. Das Chutney hält sich kühl und dunkel aufbewahrt etwa 3 Monate. Es schmeckt besonders gut zu pikantem Käse wie Munster oder Blauschimmelkäse, aber auch zu Roastbeefaufschnitt.

# RUCOLA-TOMATEN-BUTTER

Mit dem wunderbaren Aroma von getrockneten Tomaten, Basilikum und Rucola bringt diese Butter garantiert gute Laune auf Ihr Frühstücksbrötchen.

**Für ca. 200 g**

50 g getrocknete Soft-Tomaten

3–4 Stiele Basilikum

25 g Rucola

125 g zimmerwarme Butter

Salz

Pfeffer aus der Mühle

**1** Die Tomaten in kleine Würfel schneiden. Das Basilikum waschen und gut trocken schütteln, die Blätter abzupfen und fein hacken. Den Rucola verlesen, waschen und trocken schütteln, grobe Stiele entfernen. Die Rucolablätter ebenfalls klein hacken.

**2** Die Butter in eine Schüssel geben. Die Tomatenwürfel, das Basilikum, den Rucola und etwas Salz und Pfeffer dazugeben und gut unterrühren. Die Butter in ein Schälchen füllen. Im Kühlschrank bleibt sie zugedeckt 4 bis 5 Tage frisch. Sie schmeckt auf Brot und Brötchen.

# FRÜHLINGS-OBATZTER

Radieschen und Frühlingszwiebeln bringen frischen Schwung in den cremigen Klassiker aus Bayern. Die perfekte Besetzung für ein zünftiges Frühstück oder einen Brunch.

**Für 4 Portionen**

125 g zimmerwarmer Rahmcamembert

25 g zimmerwarme Butter

25 g zimmerwarmer Doppelrahmfrischkäse

1 Frühlingszwiebel

3–4 Radieschen

¼ TL Paprikapulver (edelsüß)

¼ TL gemahlener Kümmel

Salz

Pfeffer aus der Mühle

**1** Den Camembert klein würfeln, in eine Schüssel geben und mit einer Gabel zerdrücken. Die Butter und den Frischkäse dazugeben und mit der Gabel unter den Camembert kneten, bis eine geschmeidige Masse entstanden ist.

**2** Die Frühlingszwiebel putzen, waschen und den weißen Teil fein würfeln. Den grünen Teil in Ringe schneiden. Die Radieschen putzen, waschen und in kleine Würfel schneiden. Den Obatzten mit Paprikapulver, Kümmel, Salz und Pfeffer abschmecken. Das Frühlingszwiebelweiß und die Radieschenwürfel unterrühren. Mit grünen Frühlingszwiebelringen bestreut servieren (Bild S. 66).

# RÖSTZWIEBEL-FRISCHKÄSE MIT BACON

Diese Kombi wird alle erfreuen, die es schon morgens richtig deftig mögen.
Aber auch bei einem Brunch kommt er garantiert gut an.

**Für 6–8 Portionen**

75 g Frühstücksspeck in Scheiben

4–5 Zweige Thymian

4 EL Röstzwiebeln (Fertigprodukt)

175 g Doppelrahmfrischkäse

Pfeffer aus der Mühle

**1** Den Frühstücksspeck in einer Pfanne ohne Fett 4 bis 5 Minuten knusprig braten. Auf Küchenpapier geben, abtropfen und abkühlen lassen. Inzwischen den Thymian waschen und trocken schütteln, die Blättchen abzupfen und – bis auf einige zum Garnieren – fein hacken. Die Röstzwiebeln mit den Fingern etwas zerbröseln.

**2** Den gebratenen Speck in kleine Stücke schneiden bzw. brechen. Den Frischkäse in eine Schüssel geben. Alle vorbereiteten Zutaten gut unterrühren und den Aufstrich mit etwas Pfeffer abschmecken. Den Frischkäse in eine kleine Schüssel füllen und mit den Thymianblättchen garnieren. Zugedeckt im Kühlschrank hält sich der Aufstrich 4 bis 5 Tage. Er schmeckt auf kräftigem Brot und eignet sich auch, um Wraps zu bestreichen.

# KRÄUTER-TOFU

*Schnell gemacht und nicht nur für Veganer interessant, sondern auch für alle, denen Frischkäse zu fettreich ist oder die weniger gesättigtes Fett zu sich nehmen wollen.*

**Für 4–6 Portionen**

1 kleines Bund gemischte Kräuter
(z.B. Petersilie, Schnittlauch, Dill
und Kerbel)
200 g Tofu natur
1 kleine Knoblauchzehe
2 EL Rapsöl
2–3 EL Zitronensaft
1 TL Senf
Salz
Pfeffer aus der Mühle

**1** Die Kräuter waschen und gut trocken schütteln. Die Blätter bzw. Spitzen abzupfen und fein hacken. Den Schnittlauch in feine Röllchen schneiden.

**2** Den Tofu in grobe Würfel schneiden und den Knoblauch schälen. Den Tofu mit dem Knoblauch, dem Öl, dem Zitronensaft und dem Senf in einen hohen Rührbecher oder den Mixer geben und so lange pürieren, bis die Creme ganz glatt ist.

**3** Die Creme mit Salz und Pfeffer abschmecken und die vorbereiteten Kräuter – bis auf 2 EL zum Garnieren – unterrühren. Den Aufstrich in eine Schüssel füllen und mit den Kräutern garniert servieren. Zugedeckt im Kühlschrank bleibt der Aufstrich 3 bis 4 Tage frisch. Er schmeckt köstlich auf kräftigem Bauern- oder Vollkornbrot.

**TIPP:** Der Knoblauch verleiht dem Aufstrich ein feines Aroma, aber natürlich können Sie ihn auch weglassen.

# AVOCADO-THUNFISCH-AUFSTRICH

Das Trio Ei, Thunfisch und Avocado passt so gut zusammen,
dass garantiert auch Sie diesen Aufstrich immer und immer wieder machen werden.

**Für 4–6 Portionen**

2 Eier
1 Dose Thunfisch im eigenen Saft
(150 g Abtropfgewicht)
1 reife Avocado
1–2 TL Zitronensaft
1 TL mittelscharfer Senf
Salz
Pfeffer aus der Mühle
1 EL gehackte Petersilie

**1** Die Eier in kochendem Wasser 8 bis 9 Minuten hart kochen.

**2** Inzwischen den Thunfisch in ein Sieb gießen und gut abtropfen lassen. In eine Schüssel geben und mit einer Gabel zerpflücken. Die Avocado halbieren, den Stein entfernen und das Fruchtfleisch mit einem Löffel aus der Schale lösen. Sofort mit Zitronensaft beträufeln.

**3** Die Eier abgießen, abschrecken, pellen und halbieren. Die Eigelbe herauslösen. Die Eiweiße in sehr kleine Würfel schneiden. Avocado und Eigelbe mit einer Gabel fein zerdrücken und mit dem Thunfisch vermischen. Den Senf unterrühren und den Aufstrich mit Salz und Pfeffer abschmecken.

**4** Die Eiweißwürfel und die gehackte Petersilie unter den Aufstrich heben. Der Aufstrich hält sich zugedeckt 1 bis 2 Tage im Kühlschrank, wobei er durch die Avocado etwas bräunlich wird. Das tut dem Geschmack keinen Abbruch, sieht aber nicht so hübsch aus. Er schmeckt besonders gut auf Bauernbrot, aber auch als Füllung für herzhafte Wraps.

# FEINER EIERSALAT

Durch den Joghurt im Dressing ist diese Variante weniger schwer als das, was es oft fertig zu kaufen gibt. Der Salat schmeckt nicht nur zum Osterbrunch.

**Für 4 Portionen**

4 Eier
50 g Cornichons
½ Bund Radieschen
1 Bund Schnittlauch
100 g Naturjoghurt
75 g Mayonnaise
1 TL mildes Currypulver
Salz
Pfeffer aus der Mühle

**1** Die Eier in kochendem Wasser 8 bis 9 Minuten hart kochen.

**2** Inzwischen die Cornichons gut abtropfen lassen, längs halbieren und in feine Würfel schneiden. Die Radieschen putzen, waschen und ebenfalls in feine Würfel schneiden. Den Schnittlauch waschen, trocken schütteln und in feine Röllchen schneiden.

**3** Für das Dressing den Joghurt mit der Mayonnaise in einer Schüssel mit dem Schneebesen glatt rühren. Das Currypulver einrühren und das Dressing mit Salz und Pfeffer abschmecken.

**4** Die Eier abgießen, abschrecken, pellen und klein schneiden. Mit den Cornichons, den Radieschen und dem Schnittlauch zum Dressing geben und alles vorsichtig durchmischen. Zugedeckt im Kühlschrank bleibt der Eiersalat etwa 2 Tage frisch. Er schmeckt auf Bauernbrot oder Baguette und mit Rucola als Wrapfüllung.

# FRÜHSTÜCKS- QUICKIES

Bei Ihnen zählt morgens jede Minute? Dann sind Sie hier genau richtig. Denn
diese Rezepte sind der leckere Beweis dafür, dass man auch ohne viel Zeit nicht immer
nur das gleiche Müsli oder die gleiche langweilige Käsestulle essen muss.
Vom Smoothie bis zum Rührei steht alles in maximal 20 Minuten auf dem Tisch.

# HIMBEER-MELONEN-SMOOTHIE

*Durch Melone, Joghurt und Minze herrlich erfrischend und allein schon wegen der Farbe ein richtiger Gute-Laune-Macher.*

**Für 4 Gläser (à ca. 200 ml)**

100 g tiefgekühlte Himbeeren

½ Cantaloupemelone (ca. 500 g; ca. 400 g Fruchtfleisch)

2–3 Stiele Minze

200 g Naturjoghurt

**1** Die Himbeeren in einem hohen Rührbecher oder dem Mixer etwa 5 Minuten antauen lassen. Inzwischen die Melone schälen und entkernen. Das Fruchtfleisch in grobe Stücke schneiden. Die Minze waschen, trocken schütteln und die Blätter abzupfen.

**2** Den Joghurt, die Melone und die Minze – bis auf einige Blätter zum Garnieren – zu den Himbeeren geben und alles zu einem cremigen Smoothie mixen. Je nach gewünschter Konsistenz noch etwas Wasser untermixen. Den Smoothie auf vier Gläser verteilen und mit Minzeblättern garniert sofort servieren.

**VARIANTE:** Statt der Cantaloupemelone können Sie auch eine andere Melone nehmen, zum Beispiel eine Wasser- oder Netzmelone.

# GRÜNER KOKOS-SMOOTHIE

*Mit Kokosmilch und Avocado wunderbar aromatisch und cremig - ganz ohne Milchprodukte. Grapefruit- und Limettensaft wecken den Stoffwechsel mit Vitamin C und Bitterstoffen.*

**Für 4 Gläser (à ca. 250 ml)**

½ Salatgurke

1 Avocado

100 g Rucola

3 Stiele Minze

Saft von ½ Limette

150 ml frisch gepresster Grapefruitsaft

100 ml Kokosmilch

**1** Die Gurke waschen und in grobe Stücke schneiden. Die Avocado halbieren und den Stein entfernen, das Fruchtfleisch mit einem Löffel aus der Schale lösen und grob zerkleinern. Den Rucola und die Minze waschen und trocken schütteln. Grobe Stiele vom Rucola entfernen, die Minzeblätter abzupfen.

**2** Alle vorbereiteten Zutaten mit dem Limettensaft, dem Grapefruitsaft, der Kokosmilch und 100 ml Wasser in einen hohen Rührbecher oder den Mixer geben und cremig mixen. Den Smoothie auf vier Gläser verteilen und sofort servieren. Nach Belieben Eiswürfel dazugeben.

**VARIANTEN:** Statt Rucola können Sie auch jungen Spinat, Feldsalat oder besonders nährstoffreiche Grünkohlblätter verwenden.

# BLAUBEER-BANANEN-SMOOTHIE

*Genau richtig, wenn Sie wissen, dass ein anstrengender Tag bevorsteht.*
*Denn dieser Mix macht mit vielen B-Vitaminen, Magnesium, etwas gutem Fett und*
*Antioxidantien gelassen und leistungsfähig.*

**Für 4 Gläser (à ca. 350 ml)**

300 g tiefgekühlte Blaubeeren

2 große reife Bananen

4 weiche Datteln (z.B. Medjool)

4 TL Mandelmus (aus dem Bioladen)

4 TL Weizenkeime

4 TL Lucuma- oder Macapulver

(siehe Tipp)

**1** Die Blaubeeren in einem hohen Rührbecher oder im Mixer etwa 5 Minuten antauen lassen.

**2** Inzwischen die Bananen schälen und in grobe Stücke schneiden. Die Datteln entkernen und grob würfeln. Beides mit dem Mandelmus und den Weizenkeimen zu den Blaubeeren geben. ½ l Wasser dazugeben und alles zu einem cremigen Smoothie pürieren. Eventuell noch 50 bis 100 ml Wasser untermixen, je nach gewünschter Konsistenz.

**3** Das Lucuma- oder Macapulver untermixen, den Smoothie auf vier Gläser verteilen und servieren (Bild S. 88/89).

**TIPP:** Lucuma- und Macapulver, die aus einer peruanischen Frucht bzw. Knolle gewonnen werden, sind sogenannte Superfoods, die uns mit besonders vielen Nährstoffen guttun. Sie bekommen sie in Bioläden und manchen Drogeriemärkten oder können sie über das Internet bestellen. Natürlich schmeckt der Smoothie auch ohne!

# GRÜNER SMOOTHIE

Wenn Sie bisher dachten, Gemüse im Smoothie ist nichts für Sie, sollten Sie diesen grünen Schmeichler probieren. Denn in der Kombination mit so viel Frucht merken Sie gar nicht, wie viele Vitalstoffe Sie Schluck für Schluck aufnehmen. Das kommt auch bei Kindern gut an.

**Für 4 Gläser (à ca. 300 ml)**

200 g tiefgekühlte Mangostücke
1 reife Banane
1 Apfel
100 g junger Spinat
Honig zum Süßen

**1** Die Mangostücke in einem hohen Rührbecher oder im Mixer etwa 5 Minuten antauen lassen.

**2** Inzwischen die Banane schälen und in grobe Stücke schneiden. Den Apfel waschen, vierteln und das Kerngehäuse entfernen. Die Viertel in Stücke schneiden. Den Spinat verlesen, waschen und trocken schleudern. Banane, Apfel und Spinat zu den Mangostücken geben. 450 ml Wasser dazugießen und alles fein pürieren. Je nach gewünschter Konsistenz noch etwas Wasser untermixen.

**3** Den Smoothie mit etwas Honig süßen. Auf vier Gläser verteilen und sofort servieren.

# MARZIPANQUARK MIT FRÜCHTEN

*Geraspeltes Marzipan macht den eiweißreichen Quark zu einem besonderen Genuss. Getoppt mit einer herbstlichen Obstmischung aus Weintrauben, Pflaumen und Apfel und mit gerösteten Mandeln bestreut wird ein vollwertiges Frühstück daraus.*

**Für 4 Portionen**

100 g Marzipanrohmasse

2–3 EL Milch

500 g Speisequark (20 % Fett)

1 Päckchen Vanillezucker

250 g helle oder dunkle Weintrauben

250 g Pflaumen

1 Apfel

4 TL Zitronensaft

2 EL geröstete Mandelblättchen oder -stifte

**1** Die Marzipanrohmasse grob reiben und mit der Milch glatt rühren. Den Quark und den Vanillezucker dazugeben und alles mit dem Schneebesen zu einer glatten Creme verrühren. Den Marzipanquark auf vier Schälchen verteilen.

**2** Die Weintrauben waschen, trocken tupfen, abzupfen und halbieren. Die Pflaumen waschen, trocken tupfen, entsteinen und vierteln. Den Apfel waschen, vierteln, schälen und das Kerngehäuse entfernen. Die Viertel quer in feine Scheiben schneiden. Sofort mit dem Zitronensaft mischen und die anderen Früchte unterrühren.

**3** Die Früchte auf dem Marzipanquark verteilen. Mit den gerösteten Mandeln bestreuen und servieren.

**VARIANTE:** Besonders fein für das Wochenendfrühstück oder für einen Brunch wird der Quark, wenn Sie die Marzipanrohmasse statt mit Milch mit 2 bis 3 EL Amarettolikör verrühren.

# ORIENT-EXPRESS-HIRSEBREI

*Hirse ist mit einer guten Portion Eisen, B-Vitaminen und Kieselsäure ein wahrer Fitmacher.
Zudem ist die warme Speise bekömmlicher als kaltes Müsli und weckt den Körper sanft auf.*

### Für 4 Portionen

120 g Trockenfrüchte (z.B. Soft-Aprikosen, Feigen und weiche Datteln)

200 g Hirseflocken

¾ l Mandeldrink

4 TL gehackte Pistazien

4 EL Sojaghurt mit Vanillegeschmack

4 TL flüssiger Honig

**1** Die Trockenfrüchte in kleine Stücke oder Würfel schneiden. Die Hirseflocken mit dem Mandeldrink und den vorbereiteten Früchten in einen Topf geben und aufkochen. Unter Rühren 2 bis 3 Minuten köcheln lassen. Den Brei vom Herd nehmen und auf vier Schalen oder tiefe Teller verteilen.

**2** Die Pistazien in einer kleinen Pfanne ohne Fett anrösten, herausnehmen. Je 1 EL Sojaghurt auf jede Portion Brei geben, mit je 1 TL Pistazien bestreuen und mit je 1 TL Honig beträufeln. Warm servieren.

**VARIANTEN:** Statt Mandeldrink und Sojaghurt können Sie auch jede andere Art von Pflanzendrink oder auch Kuhmilch und normalen Vanillejoghurt verwenden. Extrafruchtig wird es, wenn Sie die Flocken mit Apfel- oder Orangensaft statt Milch kochen.

# FRUCHTIGE FRÜHSTÜCKS-POLENTA

*Der süße Brei aus Maisgrieß macht mit seiner gelben Farbe gute Laune in der Früh
und liefert eine Extraportion zellschützendes Karotin.*

### Für 4 Portionen

1 Vanilleschote

800 ml Milch

200 g Polenta (Maisgrieß)

4 TL Zucker

4 TL Mandelstifte oder -blättchen

600 g Obst nach Saison und
Geschmack (z.B. Pflaumen, Aprikosen,
Beeren, Kirschen oder Orangen)

4 EL Naturjoghurt

**1** Die Vanilleschote längs aufschneiden und das Mark herauskratzen. Die Milch mit dem Vanillemark und der -schote in einem Topf zum Kochen bringen. Den Topf vom Herd nehmen, Polenta und Zucker einstreuen und mit dem Schneebesen einrühren. Polenta auf den Herd stellen und unter Rühren 2 bis 3 Minuten köcheln. Vom Herd nehmen und mit geschlossenem Deckel etwa 5 Minuten ziehen lassen.

**2** Inzwischen die Mandeln in einer kleinen Pfanne ohne Fett anrösten, herausnehmen. Das Obst je nach Sorte verlesen, putzen, waschen, schälen und in mundgerechte Stücke schneiden.

**3** Den Joghurt unter die Polenta rühren. Die Polenta auf vier Schalen verteilen, das Obst darauf anrichten. Mit Mandeln bestreut servieren.

## FRÜHSTÜCKS-MUFFINS

gesunde Nascherei

Für 12 Stück den Backofen auf 200 °C vorheizen. **60 g Walnuss-kerne** grob hacken und beiseitestellen. **50 g Haferflocken, 100 g Dinkelvollkornmehl, 2 TL Backpulver, ½ TL Zimtpulver, ½ TL gemahlenen Kardamom** und **1 Prise Salz** mischen. **100 g Buttermilch** mit **50 ml Sonnenblumenöl**, dem Fruchtfleisch von **2 kleinen reifen Bananen, 3 bis 4 weichen entkernten Datteln** und **2 EL Honig** in einen hohen Rührbecher oder einen Mixer geben und pürieren. Das Püree und **2 verquirlte Eier** zu den trockenen Zutaten geben und kurz unterrühren, bis sich die Zutaten geade eben verbunden haben. **1 kleinen Apfel** waschen, vierteln und entkernen. Die Viertel grob zum Teig raspeln. Mit den gehackten Walnüssen unterheben. Den Teig in die zwölf mit Papierförmchen ausgelegten Mulden eines Muffinblechs füllen und im Ofen auf der mittleren Schiene 20 bis 25 Minuten backen. Herausnehmen, auskühlen lassen und in einer Blechdose aufbewahren. So bleiben sie etwa 3 Tage frisch, eingefroren mindestens 3 Monate.

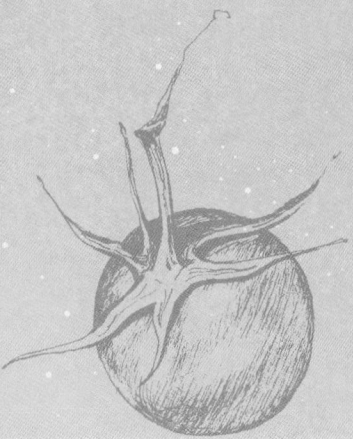

## KÄSE-TOMATEN-SANDWICH

herzhaft-saftig

Für 4 Portionen **4 Stiele Basilikum** waschen und trocken schütteln, die Blätter abzupfen und fein schneiden. Mit **6 bis 8 TL Mayonnaise oder Salatcreme** mischen. **8 dünne Scheiben Vollkorn- oder Bauernbrot** damit bestreichen. 4 Brote mit **je 1 Scheibe Schnittkäse** (z.B. Gouda oder Emmentaler) belegen. **8 Cocktailtomaten** waschen, trocken tupfen, halbieren und mit den Schnittseiten auf Küchenpapier kurz abtropfen lassen. Auf den Käse legen und mit **Pfeffer** würzen. **1 Handvoll Rucola** waschen und trocken schütteln, grobe Stiele entfernen. Auf den belegten Broten verteilen. Mit den unbelegten Brotscheiben toppen und in Folie, Butterbrottüten oder Brotboxen verpackt mitnehmen.

# MÜSLIRIEGEL

### kerniger Vorrat

Für etwa 20 Stück den Backofen auf 175 °C vorheizen.
**150 g Mandelkerne** mit Haut grob hacken und mit **50 g Kokosraspeln** in einer Pfanne ohne Fett kurz anrösten. Mit
**100 g kernigen** und **200 g blütenzarten Haferflocken** mischen. **200 g getrocknete Soft-Aprikosen** in kleine Würfel
schneiden. Mit **125 g zerlassener Butter**, **120 g flüssigem
Honig**, dem **Mark von 1 Vanilleschote** und **30 g Weizenvollkornmehl** zur Flockenmischung geben und mit einem
Rührlöffel alles gut verrühren. **1 Eiweiß** zu steifem
Schnee schlagen und unterheben. Die Masse auf ein mit
Backpapier belegtes Backblech geben und zu einem
Rechteck (etwa 20 × 30 cm) formen. Im Ofen auf der
mittleren Schiene etwa 25 Minuten backen. Herausnehmen, etwa 10 Minuten abkühlen lassen, dann in 20 Riegel (à etwa 4 × 10 cm) schneiden. Ausgekühlt in einer
Blechdose aufbewahren. So halten sich die Müsliriegel
bis zu 2 Wochen.

# TRINKMÜSLI

### Löffel überflüssig

Für 4 Trinkbecher (à ca. 350 ml) **400 g tiefgekühlte Himbeeren** etwa
5 Minuten antauen lassen. Mit **400 ml Milch, 500 g Naturjoghurt,
4 TL Honig** und **60 g Schmelzflocken** in einen hohen Rührbecher oder
den Mixer geben und fein pürieren. Zum Mitnehmen in gut verschließbare Becher, zum Beispiel Thermobecher, kleine Thermoskannen oder saubere, kleine Wasserflaschen, füllen.

# ERDBEER-BRUSCHETTA

Mit diesen süßen Broten wird jeder Morgen im Handumdrehen zum Genuss.
Zitronen-Ricotta bringt dabei eine erfrischende Note unter die Erdbeeren.

**Für 4 Portionen**

4 Scheiben Bauernbrot

250 g Erdbeeren

200 g Ricotta (ersatzweise Speisequark)

1 TL abgeriebene Bio-Zitronenschale

2–3 TL Zitronensaft

2–3 TL flüssiger Honig

4 Blätter Minze zum Garnieren

**1** Die Brotscheiben im Toaster anrösten und etwas abkühlen lassen. Die Erdbeeren waschen, putzen, trocken tupfen und in dünne Scheiben schneiden.

**2** Den Ricotta mit dem Großteil der Zitronenschale, dem Zitronensaft und 2 TL Honig glatt rühren. Je ein Viertel des Ricottas auf jeder Brotscheibe verstreichen. Mit je einem Viertel der Erdbeerscheiben dachziegelartig dicht an dicht belegen. Die Erdbeeren mit etwas Honig beträufen, mit der restlichen Zitronenschale bestreuen und mit je 1 Blatt Minze verzieren. Gleich servieren.

**VARIANTE:** In der kalten Jahreszeit 2 Orangen filetieren und die Filets statt der Erdbeerscheiben auf die Brote legen.

# CROISSANT MIT ROASTBEEF

*Damit das üppige Croissant nicht zum Schwergewicht wird,
bekommt es einen leichten, aber würzigen Belag.*

**Für 4 Stück**

1 Mini-Römersalat

6 Radieschen (mit Blättern)

Salz

150 g Magerquark

2 TL Meerrettich (aus dem Glas)

Pfeffer aus der Mühle

4 Croissants (z.B. Laugen-Croissants)

8 dünne Scheiben Roastbeefaufschnitt (à ca. 10 g)

**1** Vom Salat die Blätter ablösen, waschen und trocken schütteln. Die Radieschen putzen, waschen, in sehr dünne Scheiben schneiden und mit etwas Salz bestreut ziehen lassen. 2 bis 3 schöne Radieschenblätter waschen, trocken tupfen und fein hacken.

**2** Den Quark mit dem Meerrettich glatt rühren. Mit Salz und Pfeffer abschmecken und die gehackten Radieschenblätter unterrühren.

**3** Die Croissants aufschneiden. Die unteren Hälften mit den Salatblättern belegen. Die Quarkcreme darauf verteilen und mit je 2 Scheiben Roastbeef belegen. Die Radieschenscheiben etwas trocken tupfen und darauf verteilen. Die oberen Hälften auflegen und die Croissants sofort servieren.

**VARIANTE:** Statt Roastbeef schmeckt auch Parmaschinken sehr gut auf dem Croissant.

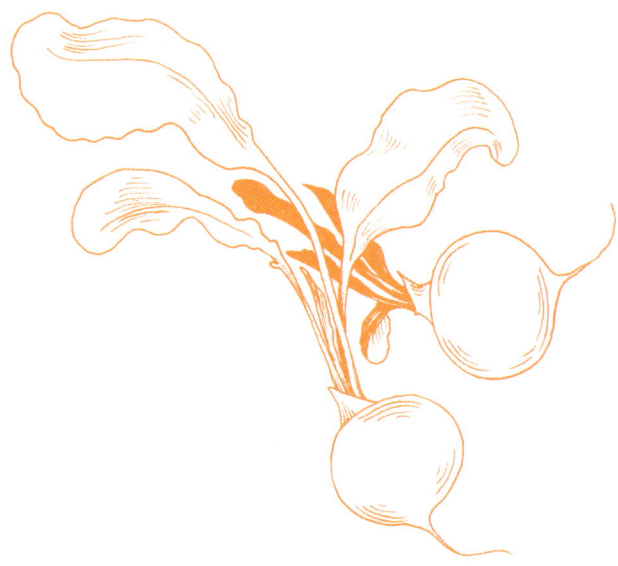

# FRÜHSTÜCKS-WRAP

Mit einer Füllung aus knusprigem Speck, Avocado und Möhre ist der Wrap eine gute Alternative zum belegten Brot für alle, die es morgens gerne herzhaft mögen.

**Für 4 Portionen**

8 Scheiben Frühstücksspeck

2 Möhren

1 reife Avocado

Saft von ½ Limette

50 g Rucola

4 EL saure Sahne

4 Msp. gemahlener Kreuzkümmel

Salz

4 Tortilla-Wraps (à ca. 25 cm Durchmesser)

**1** Den Frühstücksspeck in einer Pfanne ohne Fett etwa 5 Minuten knusprig braten. Dabei einmal wenden. Auf Küchenpapier abtropfen lassen. Inzwischen die Möhren putzen, schälen und raspeln. Die Avocado halbieren und den Stein entfernen. Die Avocadohälften schälen und das Fruchtfleisch in dünne Spalten schneiden. Sofort mit etwas Limettensaft beträufeln.

**2** Den Rucola verlesen, waschen und trocken schütteln, grobe Stiele entfernen. Die saure Sahne mit dem Kreuzkümmel glatt rühren und mit Salz abschmecken.

**3** Die Tortilla-Wraps nacheinander in einer Pfanne ohne Fett pro Seite etwa 1 Minute erwärmen. Jeden Wrap mit 2 Scheiben Speck, Möhrenraspeln, Avocadospalten und Rucola belegen. Die saure Sahne darüberklecksen. Nach Belieben mit etwas Chilipulver bestreuen. Die Seiten der Tortilla-Wraps jeweils zur Mitte klappen und den Wrap fest aufrollen. Die Wraps diagonal halbieren und sofort servieren (Bild S. 88).

**VARIANTE:** Für eine vegetarische Variante statt Speck 100 g Räuchertofu in dünnen Scheiben in die Wraps einrollen.

# AVOCADO-SCHNITTE

Sesampaste statt Butter verleiht dem Brot ein nussiges Aroma und spendiert zusammen mit der Avocado gesundes Fett, das bestes Futter für unser Gehirn ist.

**Für 4 Portionen**

4 Scheiben Sauerteigbrot

4 TL Tahin (Sesampaste; aus dem Bioladen oder türkischen Lebensmittelgeschäft)

1 reife Avocado

4 kleine Tomaten

1 TL Sesamsamen

Saft von ½ Zitrone

Salz

Pfeffer aus der Mühle

**1** Die Brotscheiben im Toaster leicht anrösten und mit je 1 TL Tahin bestreichen.

**2** Die Avocado halbieren und den Stein entfernen. Die Avocadohälften schälen und das Fruchtfleisch in dünne Spalten schneiden. Die Tomaten waschen, trocken tupfen und ohne die Stielansätze in dünne Scheiben schneiden. Die Sesamsamen in einer kleinen Pfanne ohne Fett kurz anrösten, herausnehmen.

**3** Die Brote fächerförmig mit Avocadospalten und Tomatenscheiben belegen. Mit etwas Zitronensaft beträufeln und mit Salz und Pfeffer würzen. Mit den Sesamsamen bestreuen und sofort servieren.

# SCHNELLE BOHNENPFANNE

Statt wie das englische Original Baked Beans lange im Ofen zu schmoren,
sind diese Bohnen zusammen mit frischen Tomaten ruck, zuck fertig und werden zur
Abwechslung mal nicht mit Speck, sondern mit Feta getoppt.

**Für 4 Portionen**

1 Dose weiße Bohnen (400 g;
Abtropfgewicht 240 g)

250 g Cocktailtomaten

1 EL Öl

1 TL getrockneter Thymian

Salz

Pfeffer aus der Mühle

100 g Feta (Schafskäse)

**1** Die Bohnen in einem Sieb abbrausen und abtropfen lassen. Die Tomaten waschen, trocken tupfen und halbieren. Das Öl in einer großen Pfanne erhitzen. Die Bohnen darin unter Wenden etwa 2 Minuten anbraten. Die Tomaten und den Thymian dazugeben und alles unter gelegentlichem Wenden etwa 5 Minuten braten.

**2** Die Bohnen mit Salz und Pfeffer würzen und vom Herd nehmen. Den Feta darüberbröseln und mit geschlossenem Deckel etwa 2 Minuten etwas schmelzen lassen. Dazu schmeckt gebutterter Toast.

# SPIEGELEI IM BROT

*Diese herzige Eiervariante ist so schnell gemacht, dass Sie Ihre Lieben damit nicht nur am Valentins- oder Muttertag verwöhnen können, sondern auch im Alltag. Dann kann der Tag doch nur gut werden, oder?*

**Für 4 Portionen**

4 Salatblätter

4 Cocktailtomaten

4 große Scheiben Sandwichtoast

2 TL Butter

4 Eier

Salz

Pfeffer aus der Mühle

**1** Die Salatblätter waschen und trocken schütteln. Die Tomaten waschen und halbieren. Die Brotscheiben im Toaster leicht rösten. Aus jeder Scheibe in der Mitte mit einem großen Herzausstecher ein Herz ausstechen.

**2** 1 TL Butter in einer großen Pfanne erhitzen. Je 2 Toastscheiben in die Pfanne legen. 2 Eier nacheinander einzeln in eine Tasse aufschlagen, je 1 Ei vorsichtig in ein herzförmiges Loch gleiten lassen, die Brotscheiben etwa 30 Sekunden mit den Händen auf den Pfannenboden drücken, sodass das Ei nicht unten herausläuft. Die Eier zu Spiegeleiern braten. Mit der restlichen Butter, den übrigen Brotscheiben und den übrigen Eiern ebenso verfahren. Mit Salz und Pfeffer würzen.

**3** Die Spiegeleier im Toast mit den ausgestochenen Brotherzen, je 1 Salatblatt und 2 Cocktailtomatenhälften anrichten und sofort servieren.

**VARIANTE:** Statt im Toast können Sie die Eier auch in je 1 Stück Baguette braten. Dazu pro Portion 1 etwa 3 cm dickes Stück Baguette aushöhlen. Mit einer Schnittseite in die Pfanne legen, vorsichtig 1 Ei hineingleiten lassen und das Brot etwa 30 Sekunden fest auf den Pfannenboden drücken, damit das Ei nicht herausläuft. Das Ei stocken lassen, dann das Brot wenden und auf der anderen Seite weitere 4 bis 5 Minuten garen, damit das Ei auch in der Mitte fest wird.

# SCHINKEN-EI-BAGEL

*Hier steckt die Raffinesse im Detail: Senfbutter macht den Bagel schön saftig und sorgt für würziges Aroma. Da sie sich mindestens fünf Tage frisch hält, können Sie sie auch gut auf Vorrat machen, dann geht es morgens noch schneller.*

**Für 4 Portionen**

2 Eier

30 g zimmerwarme Butter

20 g Dijonsenf

Salz

Pfeffer aus der Mühle

etwas Honig

¼ Salatgurke

4 Salatblätter

4 Bagels (z.B. mit Sesamsamen oder Mohn)

4 Scheiben Kochschinken

**1** Die Eier in kochendem Wasser 8 bis 9 Minuten hart kochen. Inzwischen die Butter mit dem Senf in einer kleinen Schale mit einer Gabel gründlich vermischen. Mit Salz, Pfeffer und Honig abschmecken.

**2** Die Gurke waschen, nach Belieben schälen und in dünne Scheiben schneiden oder hobeln. Den Salat waschen und trocken schütteln. Die Eier kalt abschrecken, pellen und in Scheiben schneiden.

**3** Die Bagels aufschneiden, Ober- und Unterhälften jeweils mit der Senfbutter bestreichen. Die unteren Hälften mit je 1 Salatblatt, 1 Scheibe Schinken, ein paar Eierscheiben und einigen Gurkenscheiben belegen. Die oberen Hälften auflegen und die Bagels servieren.

**VARIANTE:** Der Bagel schmeckt auch gut mit Feta-Paprika-Aufstrich, mit ein paar Eierscheiben belegt und mit etwas Kresse bestreut (siehe Coverfoto). Für den Aufstrich 1 rote Spitzpaprika längs halbieren, entkernen, waschen und in sehr kleine Würfel schneiden. 100 g Feta (Schafskäse) zerbröseln und mit 100 g Doppelrahmfrischkäse und 2 bis 3 TL mildem Ajvar (Paprikapaste) in einem hohen Rührbecher mit dem Stabmixer fein pürieren. Den Aufstrich mit Salz und Pfeffer abschmecken. Die Paprikawürfel unterheben. Statt auf einem Bagel schmeckt der Belag natürlich auch zwischen Brötchenhälften.

# SCHNITTLAUCH-RÜHREI

*Manchmal sind die einfachsten Dinge die besten. Der Trick, damit das Ei schön saftig wird: nicht zu lange braten und nicht zu stark rühren. Und damit keine Langeweile aufkommt, können Sie den eiweißreichen Sattmacher viermal neu verfeinern.*

**Für 4 Portionen**

1 Bund Schnittlauch
6 Eier
4 EL Milch
Salz
Pfeffer aus der Mühle
1 EL Butter

**1** Den Schnittlauch waschen, trocken schütteln und in dünne Röllchen schneiden.

**2** Die Eier mit der Milch mit dem Schneebesen verquirlen. Mit Salz und Pfeffer würzen. Die Hälfte des Schnittlauchs unterrühren.

**3** Die Butter in einer Pfanne erhitzen. Die Eiermasse in die Pfanne gießen, bei schwacher Hitze stocken lassen. Dabei mit dem Pfannenwender etwas zusammenschieben und vorsichtig am Pfannenboden entlangrühren, bis das flüssige Ei cremig wird. Nicht zu lange garen, sonst wird das Rührei trocken. Auf vier Teller verteilen, mit dem restlichen Schnittlauch bestreuen und sofort servieren. Dazu schmeckt Toast.

## VARIANTEN:

• **Herzhaft-spanisch:** 1 rote Paprikaschote längs halbieren, entkernen, waschen und klein schneiden. In der Butter unter Wenden etwa 3 Minuten andünsten, dann die Eiermasse dazugeben und stocken lassen. Jede Portion mit 1 Scheibe Serranoschinken getoppt servieren.

• **Würzig-italienisch:** 2 TL grünes Pesto (aus dem Glas) und 30 g getrocknete Soft-Tomaten in kleinen Würfeln unter die Eiermasse rühren. Das Rührei kurz vor Ende der Garzeit mit 4 TL gehobeltem Parmesan bestreuen und mit Basilikumblättern garniert servieren.

• **Nordisch-fein:** ½ Bund Dill waschen und trocken schütteln, die Spitzen abzupfen und fein schneiden. Die Hälfte davon unter die Eiermasse rühren. Wenn die Eiermasse zu stocken beginnt, etwa 150 g Nordsee-Krabbenfleisch untermischen und das Ei fertig garen. Mit dem übrigen Dill und 50 g Nordsee-Krabbenfleisch bestreut servieren.

• **Deftig-deutsch:** 2 Frühlingszwiebeln putzen, waschen und in dünne Ringe schneiden. 100 g magere geräucherte Schinkenwürfel in der Butter unter Wenden anbraten. Den weißen Teil der Frühlingszwiebeln dazugeben und kurz mitbraten. Die Eiermasse dazugießen und zum Rührei braten. Mit dem Frühlingszwiebelgrün bestreut servieren.

# BRUNCH-GOODIES

Am Wochenende wird es gemütlich und das Frühstück mit Freunden darf sich gerne mal etwas länger hinziehen und in einen herzhaften Lunch übergehen. Deshalb finden Sie hier süße und herzhafte Köstlichkeiten, die sich besonders gut vorbereiten lassen und gleich für eine größere Runde reichen. So können Sie stressfrei einladen, ohne sich den Wecker allzu früh stellen zu müssen.

# ZIMTSONNE

Wenn Sie die auf den Tisch bringen, bekommen Ihre Gäste garantiert gute Laune.
Denn das mit Zimt verfeinerte Hefegebäck sieht einfach zum Anbeißen aus. Keine Angst,
die Sonne bekommen Sie mit nur drei Handgriffen und etwas Geduld spielend hin.

## Für ca. 16 Stücke

**Für den Teig**

125 g Kartoffeln

650 g Mehl

50 g Zucker

Salz

1 Päckchen Trockenhefe (7 g)

60 g zimmerwarme Butter

1 Ei

¼ l Milch

**Für die Füllung**

50 g Butter

1 EL Ahornsirup

1 gestr. EL Zimtpulver

3 EL Zucker

**Außerdem**

1 Ei

2 EL Milch

Mehl für die Arbeitsfläche

**Varianten:** Für eine Schoko-sonne den Hefeteig mit etwa 250 g erwärmter Nuss-Nougat-Creme bestreichen. Für eine fruchtige Sonne den Teig mit etwa 250 g Pflaumenmus oder Erdbeerkonfitüre bestreichen.

**1** Für den Teig die Kartoffeln schälen, waschen, in Stücke schneiden und in wenig Wasser zugedeckt etwa 20 Minuten garen. Inzwischen Mehl, Zucker, ¾ TL Salz und Hefe in einer Rührschüssel mischen.

**2** Die Kartoffeln abgießen und mit der Butter in eine Schüssel geben. Mit einer Gabel zerdrücken und mit der Butter zu einer glatten Masse verrühren. Das Ei unterrühren. Die Milch lauwarm erwärmen. Die Kartoffelmasse und die Milch nach und nach mit den Knethaken des Handrührgeräts unter die Mehlmischung kneten und alles zu einem glatten Teig verarbeiten. Mit den Händen auf der leicht bemehlten Arbeitsfläche nochmals gut durchkneten. In die Schüssel legen und zugedeckt an einem warmen Ort etwa 45 Minuten gehen lassen, bis sich das Volumen etwa verdoppelt hat.

**3** Für die Füllung die Butter zerlassen und den Ahornsirup unterrühren. Zimt mit Zucker mischen. Das Ei mit der Milch verquirlen. Den Teig auf der Arbeitsfläche kurz durchkneten, dann vierteln. Jedes Viertel zu einer Kugel formen und nacheinander auf der bemehlten Arbeitsfläche zu Kreisen (à ca. 25 cm Durchmesser) ausrollen. Den ersten Kreis auf ein mit Backpapier belegtes Backblech legen. Etwa ein Drittel der Butter-mischung daraufstreichen und gleichmäßig mit einem Drittel des Zimtzuckers bestreuen. Dabei rundum etwa 2 cm Rand frei lassen. Den Rand dünn mit der Eiermilch bestreichen. Mit 2 weiteren Teigkreisen, der restlichen Buttermischung und dem Zimtzucker genauso verfahren, die Ränder dabei immer leicht andrücken und den Teigkreis auf den vorherigen legen. Mit dem vierten Kreis abdecken.

**4** In die Mitte des Kreises ein umgedrehtes Trinkglas (ca. 7 cm Durch-messer) drücken, sodass sich deutlich ein Kreis abzeichnet. Den Teig rund um den Kreis in 16 Tortenstücke schneiden. Die Tortenstücke jeweils zweimal in sich selbst verdrehen, dann die Enden von je 2 ne-beneinanderliegenden Tortenstücken zusammendrücken. Die Sonne zugedeckt an einem warmen Ort etwa 30 Minuten gehen lassen.

**5** Den Backofen auf 190 °C vorheizen. Die Oberfläche der Zimtsonne mit der restlichen Eiermilch bestreichen. Im Ofen auf der mittleren Schiene 30 bis 35 Minuten backen.

# ERDBEER-TRIFLE

Garantiert genauso schnell weg, wie es eingeschichtet ist. Lemon Curd macht die Mascarpone-Quark-Creme herrlich erfrischend und zur perfekten Ergänzung für süße Erdbeeren und Löffelbiskuits. In der kalten Jahreszeit einfach tiefgekühlte Beeren verwenden.

**Für 8 Portionen**

200 g Löffelbiskuits
500 g Magerquark
200 g Mascarpone
100 g Lemon Curd
25 g Zucker
500 g Erdbeeren
6 EL Orangensaft

**1** Die Löffelbiskuits in einer Schüssel mit den Händen grob zerbröseln. In einer zweiten Schüssel den Quark mit dem Mascarpone, 75 g Lemon Curd und dem Zucker mit dem Schneebesen glatt rühren. Die Erdbeeren waschen, putzen, trocken tupfen und je nach Größe halbieren oder vierteln.

**2** Etwa die Hälfte der zerbröselten Löffelbiskuits auf dem Boden einer Glasschüssel verteilen. Mit 3 EL Orangensaft beträufeln. Die Hälfte der Erdbeeren darauf verteilen und mit der Hälfte der Creme bedecken. Die restlichen Löffelbiskuits auf der Creme verteilen und mit dem übrigen Orangensaft beträufeln. Die restlichen Beeren – bis auf 2 bis 3 EL zum Garnieren – einschichten und die restliche Creme daraufgeben. Oder das Trifle in acht hohe Gläser schichten. Das Trifle zugedeckt kühl stellen und mindestens 1 Stunde ziehen lassen.

**3** Kurz vor dem Servieren die restlichen Erdbeeren auf dem Trifle verteilen und das restliche Lemon Curd in Klecksen daraufgeben.

**VARIANTE:** Für eine schokoladige Variante statt Löffelbiskuits Schoko-Cookies verwenden, die Creme ohne Lemon Curd, dafür mit 2 EL Zitronensaft und 50 g Zucker zubereiten und alle Erdbeeren einschichten. Die Creme vor dem Servieren großzügig mit Kakaopulver bestäuben.

# BIRNEN-BLAUBEER-CRUMBLE

Unter den knusprigen Nussstreuseln verbergen sich saftige Früchte. Bereiten Sie die Streusel und die Früchte vor und bringen Sie – kurz bevor die Gäste kommen – alles in der Form zusammen und in den Ofen. Mit Vanillesahne wird der Genuss perfekt.

**Für 8 Portionen**

**Für die Streusel**

50 g Haselnusskerne

150 g Mehl

1 TL Ingwerpulver

Salz

60 g brauner Zucker

1 Päckchen Vanillezucker

90 g Butter

**Für den Crumble**

3 große Birnen (ca. 750 g)

1 EL Butter

etwas abgeriebene Bio-Zitronenschale

5–6 TL Aprikosenkonfitüre

Fett für die Form

250 g Blaubeeren

150 g Sahne

100 g Vanillejoghurt

**1** Für die Streusel die Nüsse grob hacken. Das Mehl mit dem Ingwerpulver, 1 Prise Salz, dem braunen Zucker und dem Vanillezucker mischen. Die Butter zerlassen, zur Mehlmischung geben und alles zuerst mit den Knethaken des Handrührgeräts, dann mit den Händen zu Streuseln verkneten. Zum Schluss die Nüsse unterkneten. Die Streusel kühl stellen, bis alles andere vorbereitet ist.

**2** Den Backofen auf 200 °C vorheizen. Für den Crumble die Birnen vierteln, schälen und die Kerngehäuse entfernen. Die Viertel in kleine Stücke schneiden. Die Butter in einer Pfanne erhitzen. Die Birnenstücke darin unter Wenden 3 bis 4 Minuten andünsten. Die Zitronenschale und die Konfitüre unterrühren. Die Birnen in eine gefettete, flache Auflaufform (ca. 26 × 15 cm) geben und etwas abkühlen lassen.

**3** Die Blaubeeren verlesen, waschen und trocken tupfen. Unter die Birnen mischen. Die Streusel über den Früchten verteilen. Im Ofen auf der mittleren Schiene etwa 25 Minuten goldbraun backen. Kurz vor dem Servieren die Sahne steif schlagen. Sobald die Sahne fast steif ist, den Joghurt langsam einlaufen lassen und unterschlagen. Den Crumble aus dem Ofen nehmen und lauwarm oder kalt mit der Vanillesahne servieren.

**VARIANTEN:** Statt Birnen und Blaubeeren schmecken auch andere Früchte unter den Streuseln, etwa Äpfel, Himbeeren, Stachelbeeren, Rhabarber oder Aprikosen. Je nachdem wie hart die Früchte sind, sollte man sie wie die Birnen vordünsten oder wie die Blaubeeren roh dazugeben. Die Streusel lassen sich ebenfalls variieren, beispielsweise mit Mandeln oder Kokosraspeln statt Haselnüssen sowie Zimt anstelle von Ingwer.

# GEMÜSEQUICHE

Ein herzhafter Klassiker aus dem Ofen, der immer wieder gut ankommt –
auch bei den Gastgebern, denn die Quiche lässt sich wunderbar vorbereiten
und schmeckt warm oder auch kalt.

**Für 1 Springform
(28 cm Durchmesser; ca. 12 Stücke)**

**Für den Teig**

100 g Mehl

100 g Weizenvollkornmehl

Salz

100 g kalte Butter

1 Eigelb

1 EL geriebener Käse

**Für die Füllung**

1 große Stange Lauch

2 Möhren

1 rote Paprikaschote

250 g Brokkoli

½ Bund Petersilie

1 EL Olivenöl

Salz

Pfeffer aus der Mühle

**Für den Guss**

3 Eier

1 Eiweiß

200 g Sahne

200 g saure Sahne

2 EL Speisestärke

Salz

Pfeffer aus der Mühle

frisch geriebene Muskatnuss

4–5 EL geriebener Käse

**1** Für den Teig die beiden Mehlsorten mit 1 TL Salz in einer Rührschüssel mischen. Die Butter in Stückchen, das Eigelb und etwa 2 EL kaltes Wasser dazugeben und erst mit den Knethaken des Handrührgeräts, dann mit den Händen rasch zu einem Mürbeteig verkneten.

**2** Den Teig zwischen zwei Lagen Backpapier rund (etwa 32 cm Durchmesser) ausrollen und eine Springform damit auslegen. Dabei einen Rand formen. Das obere Backpapier abziehen und den Teig mit einer Gabel mehrmals einstechen. Mindestens 30 Minuten kühl stellen.

**3** Inzwischen für die Füllung den Lauch putzen, waschen, längs halbieren und in dünne Streifen schneiden. Die Möhren putzen, schälen und Scheiben schneiden. Die Paprikaschote längs halbieren, entkernen, waschen und klein schneiden. Den Brokkoli waschen, abtropfen lassen und in möglichst kleine Röschen teilen. Die Petersilie waschen und trocken schütteln, die Blätter abzupfen und fein hacken. Das Olivenöl in einer großen Pfanne erhitzen. Das Gemüse hineingeben und unter Wenden etwa 5 Minuten garen. Mit Salz und Pfeffer würzen und die Petersilie unterrühren. Die Pfanne vom Herd nehmen und den Deckel auflegen. Den Backofen auf 200 °C vorheizen.

**4** Für den Guss die Eier und das Eiweiß mit der Sahne, der sauren Sahne und der Speisestärke in einem hohen Rührbecher verquirlen. Mit Salz, Pfeffer und etwas Muskatnuss würzen. Die Springform aus dem Kühlschrank nehmen und den Boden mit 1 EL geriebenem Käse bestreuen. Das Gemüse einfüllen und gleichmäßig verteilen. Den Guss gleichmäßig darübergießen und mit dem übrigen geriebenen Käse bestreuen.

**5** Die Quiche im Ofen auf der zweiten Schiene von unten 40 bis 50 Minuten backen. Zum Schluss eventuell mit Alufolie abdecken, damit sie nicht zu dunkel wird. Herausnehmen, in der Form auf ein Kuchengitter stellen und mindestens 20 Minuten abkühlen lassen. Aus der Form lösen und lauwarm oder kalt servieren.

# GRAVED LACHS

Wenn Sie den nordischen Leckerbissen einmal selbst gemacht haben, werden Sie es immer wieder tun. Denn so schmeckt er einfach am besten. Und das Einzige, was daran schwerfällt, ist, genügend Geduld aufzubringen, bis der Lachs fertig gebeizt ist.

**Für 8–10 Portionen**

**Für den Lachs**

1 Bio-Orange

1 großes Bund Dill

10 Wacholderbeeren

1 TL schwarze Pfefferkörner

Salz

4 EL Zucker

1 kg Lachsfilet mit Haut

**Für die Sauce**

3 EL flüssiger Honig

6 EL mittelscharfer Senf

1 TL Senfpulver

3 EL Weißweinessig

100 ml Sonnenblumenöl

1 großes Bund Dill

**1** Zwei Tage im Voraus die Orange heiß abwaschen, trocken reiben und die Schale fein abreiben. Den Dill waschen und trocken schütteln, die Spitzen abzupfen und fein schneiden. Die Wacholderbeeren und den Pfeffer mit 4 EL Salz und dem Zucker in einen Mörser geben und grob zerstoßen.

**2** Das Lachsfilet waschen, trocken tupfen und eventuell vorhandene Gräten mit einer Pinzette herausziehen. Den Bauchlappen abschneiden. Das Filet quer halbieren.

**3** Ein Stück Lachsfilet mit der Haut nach unten auf ein großes Stück Frischhaltefolie legen. Die Fleischseite mit der Hälfte der Wacholdermischung einreiben und mit der Orangenschale und etwas Dill bestreuen. Das zweite Stück mit der restlichen Wacholdermischung einreiben und mit der Hautseite nach oben darauflegen. Den Lachs fest in die Folie einwickeln. Das Päckchen in Alufolie einwickeln, in eine Auflaufform legen und mit Konservendosen beschweren. In den Kühlschrank stellen und etwa 48 Stunden beizen. Nach etwa 24 Stunden den Lachs wenden, damit er gleichmäßig durchzieht.

**4** Für die Sauce den Honig mit dem Senf, dem Senfpulver und dem Essig gut verrühren. Das Öl in einem dünnen Strahl dazugießen und mit dem Schneebesen kräftig unterrühren. Den Dill waschen und trocken schütteln, die Spitzen abzupfen und fein schneiden. Die Hälfte davon unter die Sauce rühren.

**5** Den Graved Lachs aus der Folie nehmen und die Beize abstreifen. Den Lachs mit dem restlichen Dill bestreuen. Dann mit einem flachen, langen Messer von der Schwanzseite her in schrägen dünnen Scheiben portionsweise von der Haut schneiden. Auf einer Platte anrichten und mit der Sauce servieren.

# KALTE GETRÄNKE

## KIBA-BUTTERMILCH

### erfrischend-fruchtiges Leichtgewicht

Für 4 Gläser (à ca. 300 ml) **250 g entsteinte Kirschen** (ersatzweise tiefgekühlt und aufgetaut) mit dem Fruchtfleisch von **2 reifen Bananen** und **800 g Buttermilch** fein pürieren. In vier Gläser füllen und sofort, nach Belieben mit einem Strohhalm, servieren.

**VARIANTEN:** Statt der Kirschen können Sie auch **Beeren, Mango** oder **Kaki** für den Drink verwenden. Wer keine Banane mag, kann auch diese durch eine andere Frucht ersetzen. Dann wird der Drink allerdings etwas dünnflüssiger und muss eventuell noch mit etwas **Zucker** oder **Honig** gesüßt werden.

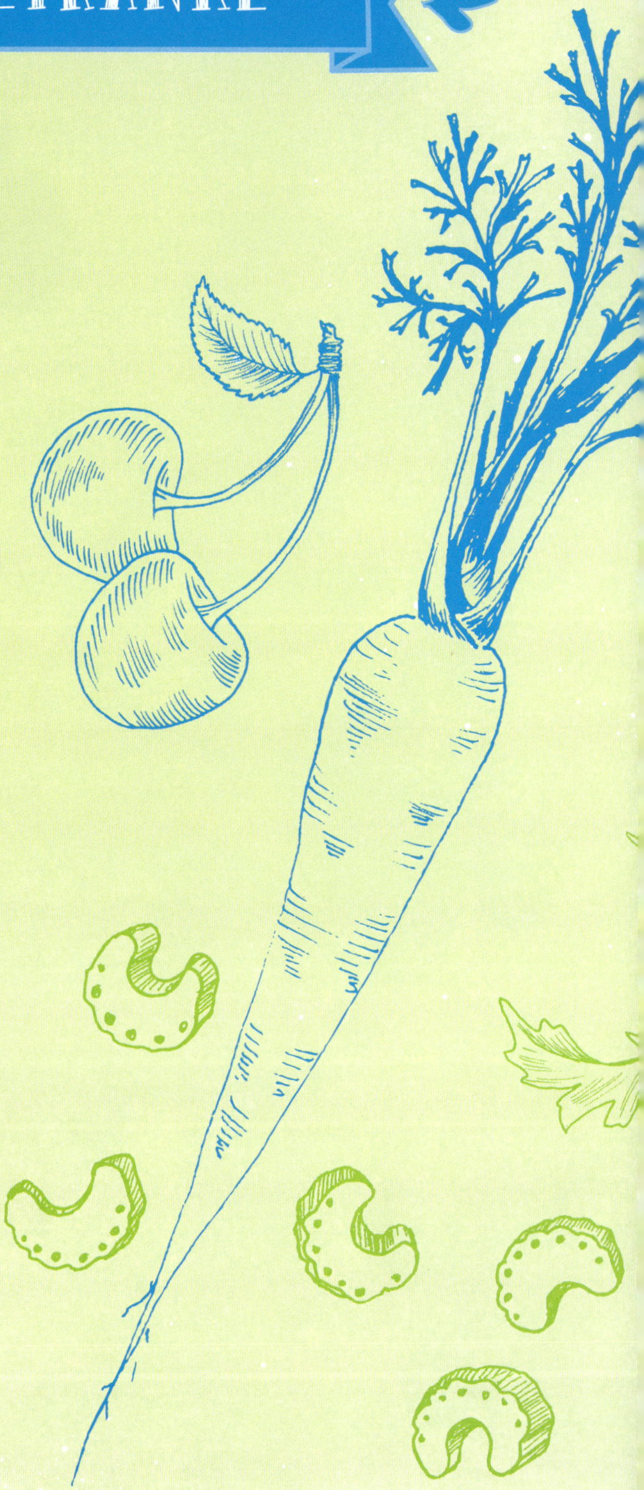

## FRÜHSTÜCKSSAFT

### macht die Abwehr fit

Für 4 Gläser (à ca. 150 ml) **400 g Möhren** waschen und putzen. **4 Orangen** und **1 Limette** so großzügig schälen, dass auch die weiße Haut mit entfernt wird. **25 g Ingwer** schälen. Alles in einen Entsafter geben und entsaften. Den Saft noch mal gut durchrühren, in Gläser füllen und sofort servieren.

**TIPP:** Wenn Sie keinen Entsafter haben, können Sie stattdessen die Orangen und die Limette mit einer Zitruspresse auspressen und mit 350 ml ungesüßtem Möhrensaft vermischen. Den Ingwer mit einer feinen Reibe zum Saft reiben.

# GRANATAPFEL-ZITRONEN-SIRUP *toll zum Brunch*

Für etwa 150 ml (ca. 15 Portionen) **2 Granatäpfel** halbieren. Aus 1 Hälfte die Kerne herauslösen und zur Seite stellen. Die anderen 3 Hälften mithilfe einer Zitruspresse auspressen. **3 Zitronen** ebenfalls auspressen. Granatapfel- und Zitronensaft mit **75 g Zucker** in einem weiten Topf mischen und aufkochen. Etwa 5 Minuten köcheln lassen, bis ein dickflüssiger Sirup entstanden ist. Den Sirup in eine Flasche oder ein Schraubglas füllen und auskühlen lassen. Zum Servieren je 1 EL Sirup mit etwa 1 TL Granatapfelkernen in ein Sekt- oder Wasserglas geben und mit eiskaltem **Sekt bzw.** kohlensäurehaltigem **Mineralwasser** auffüllen (Bild S. 112/113). Sofort servieren. Der Sirup hält sich gekühlt bis zu 1 Woche.

# TOMATO PLUS *weckt die Lebensgeister*

Für 4 Gläser (à ca. 250 ml) **800 ml Tomatensaft** mit **200 ml Selleriemost** gut verrühren. Mit **Salz**, **Pfeffer** und einigen Tropfen **Tabasco** abschmecken. In vier Gläser füllen. **4 Stangen Staudensellerie** waschen, putzen und zum Umrühren in die Gläser stellen.

**TIPP:** Selleriemost gibt es im Reformhaus oder Bioladen. Wenn Sie einen Entsafter haben, können Sie stattdessen auch selbst gepressten Saft aus etwa 250 g Staudensellerie verwenden.

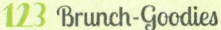

# ANTIPASTI-GEMÜSE

Nach einer Nacht im Kühlschrank schmeckt das eingelegte Gemüse richtig aromatisch.
Es lässt sich also prima für Ihren Brunch vorbereiten.

**Für 8 Portionen**

3 große rote Paprikaschoten

2 Fenchelknollen

500 g Champignons

2 mittelgroße Zucchini

2 Knoblauchzehen

je 6 Zweige Thymian und Rosmarin

120 ml Olivenöl

Salz

Pfeffer aus der Mühle

4 EL Zucker

100 ml Aceto balsamico

3 EL geröstete Pinienkerne zum
Bestreuen

**1** Den Backofengrill einschalten. Die Paprikaschoten längs halbieren, entkernen und waschen. Die Hälften mit den Schnittflächen nach unten auf ein Backblech legen und unter dem heißen Backofengrill etwa 10 Minuten garen, bis die Haut dunkel wird und Blasen wirft. Das Blech aus dem Ofen nehmen, die Paprikaschoten sofort mit einem feuchten Tuch bedecken und abkühlen lassen.

**2** Inzwischen den Fenchel putzen, waschen und halbieren. Den harten Strunk entfernen und die Hälften in schmale Spalten schneiden. Die Pilze putzen und, falls nötig, trocken abreiben. Je nach Größe halbieren oder vierteln. Die Zucchini putzen, waschen, längs halbieren und in dünne Scheiben schneiden. Den Knoblauch schälen und in feine Würfel schneiden. Die Kräuter waschen und trocken schütteln. Die Blättchen bzw. Nadeln von je 3 Zweigen abstreifen und hacken. Die Haut von den Paprikaschoten abziehen und die Paprikaschoten in etwa 1 cm breite Streifen schneiden.

**3** Das Olivenöl portionsweise – pro Portion 1 bis 2 EL – in einer großen Pfanne erhitzen. Das Gemüse darin nach und nach unter Wenden pro Portion etwa 5 Minuten anbraten. Dabei jeweils einen Teil des Knoblauchs und der gehackten Kräuter dazugeben und mit Salz und Pfeffer würzen. Das Gemüse mit den übrigen Kräuterzweigen in eine flache Schale oder Auflaufform geben.

**4** Den Zucker in die Pfanne geben, bei mittlerer Hitze schmelzen und leicht karamellisieren. Den Essig und 100 ml Wasser dazugießen und den Karamell loskochen. 3 bis 4 Minuten köcheln lassen, dann das restliche Olivenöl unterrühren. Die Marinade über das Gemüse gießen. Mindestens 1 Stunde durchziehen lassen. Vor dem Servieren mit den Pinienkernen bestreuen. Dazu schmecken Weißbrot oder Grissinistangen und Parmaschinken.

# GEFÜLLTE EIER AUF DREIERLEI ART

Hier gibt es den beliebten Klassiker mal in drei neuen, raffinierten Varianten,
die Ihre Gäste garantiert überraschen werden.

**Für je 12 Stück**

**Asiatisch**

6 hart gekochte Eier (siehe Seite 59)

¼ rote Chilischote

2 Stiele Koriander

1 EL süßsaure Thaisauce

abgeriebene Schale von ½ Bio-Zitrone

Salz

Chiliringe und Koriander zum
Garnieren

**Italienisch**

6 hart gekochte Eier (siehe Seite 59)

1–2 Stiele Basilikum

10 schwarze Oliven (ohne Stein)

4 EL geriebener Parmesan

2 TL Olivenöl

Pfeffer aus der Mühle

**Französisch**

6 hart gekochte Eier (siehe Seite 59)

3 Stiele Estragon

75 g Ziegenfrischkäse

Salz

Pfeffer aus der Mühle

## ASIATISCH:

**1** Die Eier pellen und längs halbieren. Die Eigelbe mit einem Löffel herauslösen und in eine Schüssel geben. Die Chilischote entkernen, waschen und fein hacken. Den Koriander waschen und trocken schütteln, die Blätter abzupfen und fein hacken. Beides mit der Thaisauce und der Zitronenschale zu den Eigelben geben. Die Eigelbe mit einer Gabel zerdrücken und mit den übrigen Zutaten mischen. Mit Salz abschmecken.

**2** Die gewürzten Eigelbe mithilfe von zwei Teelöffeln oder einem Spritzbeutel mit Sterntülle in die Eihälften füllen. Auf einer Platte anrichten und mit Chili und Koriander garnieren.

## ITALIENISCH:

**1** Die Eier pellen und halbieren. Die Eigelbe mit einem Löffel herauslösen und in eine Schüssel geben. Das Basilikum waschen und trocken schütteln, die Blätter abzupfen und fein hacken. Die Oliven – bis auf 2 bis 3 Stück – klein hacken. Basilikum, gehackte Oliven, Parmesan und Olivenöl zu den Eigelben geben. Die Eigelbe mit einer Gabel zerdrücken und mit den übrigen Zutaten mischen. Mit Pfeffer würzen.

**2** Die gewürzten Eigelbe wie oben beschrieben in die Eihälften füllen. Die restlichen Oliven in 12 schmale Scheiben schneiden und die Eier damit garnieren. Auf einer Platte anrichten.

## FRANZÖSISCH:

**1** Die Eier pellen und halbieren. Die Eigelbe mit einem Löffel herauslösen und in eine Schüssel geben. Den Estragon waschen und trocken schütteln, die Blätter abzupfen und – bis auf 12 Blätter zum Garnieren – fein hacken. Den Estragon und den Frischkäse zu den Eigelben geben. Die Eigelbe mit einer Gabel zerdrücken und mit den übrigen Zutaten mischen. Mit Salz und Pfeffer würzen.

**2** Die gewürzten Eigelbe wie oben beschrieben in die Eihälften füllen. Auf einer Platte anrichten und mit je 1 Estragonblatt garnieren.

# MAKRELEN-MOUSSE

Das perfekte Gericht für einen Brunch: Die pikante Mousse macht was her, ist raffiniert, reicht für viele Gäste und lässt sich ganz einfach schon am Vortag vorbereiten.

## Für 8–10 Portionen

**Für die Mousse**

2 ½ Blatt Gelatine

250 g geräuchertes Makrelenfilet

1 Schalotte

6 getrocknete Soft-Tomaten

1 TL Paprikapulver (rosenscharf)

Salz

weißer Pfeffer aus der Mühle

Saft und abgeriebene Schale von

1 Bio-Zitrone

150 g Sahne

**Für die Salsa verde**

2 EL Kapern

2 Anchovisfilets (in Öl)

½ Bund Dill

½ Bund Petersilie

2–3 TL Zitronensaft

3 EL Öl

Pfeffer aus der Mühle

evtl. Salz

**1** Die Gelatine in kaltem Wasser etwa 5 Minuten einweichen. Inzwischen die geräucherten Makrelenfilets in grobe Stücke schneiden. Die Schalotte schälen und in feine Würfel schneiden. Die Tomaten ebenfalls in Würfel schneiden. Die Makrelenfilets mit der Schalotte, den Tomaten und dem Paprikapulver in einen hohen Rührbecher geben und fein pürieren. Mit Salz, weißem Pfeffer, Zitronensaft und -schale abschmecken und in eine Rührschüssel umfüllen.

**2** In einem kleinen Topf 75 g Sahne erhitzen und vom Herd nehmen. Die Gelatine ausdrücken, zur warmen Sahne geben und unter Rühren darin auflösen. Die Sahnemischung unter das Makrelenpüree mischen. Die restliche Sahne steif schlagen und unter die Makrelenmischung heben. Eine Kastenform (25 cm Länge) mit etwas Wasser anfeuchten und mit Frischhaltefolie auslegen. Die Makrelen-Mousse einfüllen und glatt streichen. Die Form leicht auf die Arbeitsfläche stoßen, sodass sich die Mousse gleichmäßig in der Form verteilt. Mit Frischhaltefolie abdecken und mindestens 4 Stunden kühl stellen.

**3** Inzwischen für die Salsa verde die Kapern und die Anchovisfilets kalt abspülen und gut abtropfen lassen. Die Kräuter waschen und trocken schütteln. Die Spitzen bzw. Blätter abzupfen und – bis auf eine kleine Portion zum Garnieren – grob hacken. Mit Kapern, Anchovis, Zitronensaft und Öl in einen kleinen Rührbecher geben und pürieren. Mit Pfeffer und eventuell etwas Salz abschmecken. Bis zum Servieren zugedeckt kühl stellen.

**4** Kurz vor dem Servieren die Form mit der Makrelen-Mousse vorsichtig auf eine Servierplatte stürzen. Die Form abheben und die Folie vorsichtig abziehen. Die Mousse mit den übrigen Kräutern garnieren und mit der Salsa verde servieren.

# GEFÜLLTE HACKBÄLLCHEN

Mit pikanter Paprikapaste gewürzt und mit einem Herz aus Mozzarella
erobern die im Ofen gegarten Bällchen Ihre Gäste im Sturm.

**Für 8 Portionen**

80 g Semmelbrösel

5 EL Milch

500 g Rinderhackfleisch

5 TL Ajvar (pikante Paprikapaste)

Salz

Pfeffer aus der Mühle

½ Kugel Mozzarella (ca. 65 g)

250 g Cocktailtomaten

1 EL Öl

100 g grüne Oliven (ohne Stein)

Basilikumblätter zum Garnieren

**1** Den Backofen auf 200 °C vorheizen. Die Semmelbrösel mit der Milch in einer Rührschüssel mischen. Das Hackfleisch und das Ajvar dazugeben, mit Salz und Pfeffer würzen und alles gut verkneten. Kurz ruhen lassen.

**2** Inzwischen den Mozzarella in etwa 20 kleine Stücke schneiden. Die Tomaten waschen, trocken tupfen und halbieren. Aus der Hackfleischmasse etwa 20 walnussgroße Hackbällchen formen und füllen: Dazu pro Bällchen gut 1 Esslöffel der Masse abnehmen, in der Hand etwas flach drücken und mit je 1 Stück Mozzarella belegen. Die Masse um den Mozzarella herum zu einem Bällchen formen.

**3** Das Öl in einer großen Pfanne erhitzen. Die Hackbällchen darin bei starker Hitze etwa 5 Minuten rundum kräftig anbraten.

**4** Die Hackbällchen in eine Auflaufform geben. Die Tomaten und die Oliven um die Bällchen herum verteilen. Im Ofen auf der mittleren Schiene etwa 20 Minuten garen. Herausnehmen und lauwarm oder kalt mit Basilikum garniert servieren.

**Tipp:** Für eine richtig große Runde lässt sich die Menge prima verdoppeln und in der Fettpfanne des Backofens garen.

# THAI-HÄHNCHENSALAT

*Jede Menge frische Kräuter und ein süßscharfes Dressing machen den Geflügelsalat zu einem Renner für alle, die es ein bisschen ausgefallener mögen.*

**Für 8 Portionen**

2 Hähnchenbrustfilets (à ca. 175 g)
1 walnussgroßes Stück Ingwer
5 Frühlingszwiebeln
je 1 Bund Minze und Koriander
2 rote Paprikaschoten
1 kleine Salatgurke (ca. 300 g)
60 ml süßscharfe Chilisauce
60 ml Limettensaft
2 EL Fischsauce (ersatzweise Sojasauce)
60 g Cashewkerne

**1** Die Hähnchenbrustfilets waschen, trocken tupfen und auf einen Dämpfeinsatz legen. Den Ingwer schälen und in Scheiben schneiden. Einen Topf 2 bis 3 cm hoch mit Wasser füllen, den Ingwer dazugeben und den Dämpfeinsatz hineinstellen. Die Filets mit geschlossenem Deckel 12 bis 15 Minuten garen. Wer keinen Dämpfeinsatz hat, gart das Fleisch zugedeckt in einem Topf mit wenig Salzwasser und Ingwer.

**2** Inzwischen die Frühlingszwiebeln putzen, waschen und in feine Ringe schneiden. Die Kräuter waschen und trocken schütteln, die Blätter abzupfen und fein hacken. Die Paprikaschoten längs halbieren, entkernen, waschen und klein schneiden. Die Gurke waschen, schälen, längs halbieren und die Kerne mit einem Löffel herauskratzen. Die Gurke in kleine Würfel schneiden.

**3** Für das Dressing die Chilisauce mit dem Limettensaft und der Fischsauce verrühren. Das gegarte Fleisch kurz abkühlen lassen, dann in kleine Würfel schneiden. Alle vorbereiteten Zutaten mit dem Dressing mischen. Die Cashewkerne in einer Pfanne ohne Fett leicht anrösten, herausnehmen und grob hacken. Über den Salat streuen.

# LINSENSALAT MIT GRATINIERTEM ZIEGENKÄSE

*Dieser Salat macht auf dem Büfett garantiert nicht schlapp und ist ein echter Sattmacher. Je länger er durchzieht, desto besser wird er. Wichtig ist, dass die Linsen beim Kochen noch etwas Biss behalten und nicht matschig werden.*

**Für 8 Portionen**

250 g Pardina-, Puy- oder Belugalinsen
(aus dem Bioladen oder
Feinkostgeschäft)
1 Lorbeerblatt
2–3 Möhren
4 Stangen Staudensellerie
4 Frühlingszwiebeln
4 Stiele Petersilie
2 EL Gemüsebrühe
2 EL Senf
2 EL Weißweinessig
3–4 EL flüssiger Honig
Salz
Pfeffer aus der Mühle
2 EL Öl
1 Römersalatherz
1 kleiner Zweig Rosmarin
1 Rolle Ziegenweichkäse (180 g)

**1** Die Linsen waschen und mit dem Lorbeerblatt in Wasser zugedeckt etwa 30 Minuten garen. Inzwischen die Möhren putzen, schälen und in kleine Würfel schneiden. Den Sellerie putzen, waschen und ebenfalls klein würfeln. Die Frühlingszwiebeln putzen und waschen. Den weißen Teil in feine Würfel schneiden, den grünen Teil in dünne Ringe schneiden. Die Petersilie waschen und trocken schütteln, die Blätter abzupfen und hacken.

**2** Für das Dressing die Brühe mit dem Senf, dem Essig, 1 EL Honig, Salz und Pfeffer verrühren. Das Öl langsam dazugeben und kräftig unterschlagen. Nochmals abschmecken. Die fertigen Linsen abgießen, gut abtropfen lassen, Lorbeerblatt entfernen und die Linsen noch warm unter das Dressing mischen. Möhren, Sellerie, Frühlingszwiebelweiß und Petersilie ebenfalls untermischen. Zugedeckt im Kühlschrank mindestens 30 Minuten ziehen lassen.

**3** Kurz vor dem Servieren den Backofengrill einschalten. Den Salat putzen, waschen, trocken schütteln und in schmale Streifen schneiden. Unter den Linsensalat mischen. Den Salat in einer Schale anrichten. Den Rosmarin waschen und trocken tupfen, die Nadeln abstreifen, fein hacken und mit dem übrigen Honig mischen. Den Käse in 12 Scheiben schneiden und auf ein mit Backpapier belegtes Blech legen. Mit dem Rosmarinhonig beträufeln und unter dem heißen Grill 3 bis 5 Minuten gratinieren.

**4** Den Käse auf dem Salat anrichten. Den Salat mit dem Frühlingszwiebelgrün bestreuen und servieren.

# SCHNELLER HERINGSSALAT

Ideal für ein Katerfrühstück nach einer langen Nacht. Der Salat lässt sich auch gut einen halben Tag im Voraus zubereiten und abgedeckt im Kühlschrank aufbewahren.

**Für 8 Portionen**

2 Äpfel

1 rote Zwiebel

4 doppelte Bismarckheringsfilets

200 g Sahne

4–5 TL mittelscharfer Senf

Salz

Pfeffer aus der Mühle

Zucker

4–5 EL Preiselbeeren (aus dem Glas)

**1** Die Äpfel waschen, trocken reiben, vierteln und entkernen. Die Apfelviertel quer in dünne Scheiben schneiden. Die Zwiebel schälen, halbieren und in sehr dünne Scheiben schneiden. Die Heringe waschen, trocken tupfen und in Stücke schneiden.

**2** Für die Sauce die Sahne mit dem Senf in eine Rührschüssel geben und leicht aufschlagen, bis die Sahne eindickt. Mit Salz, Pfeffer und 1 Prise Zucker abschmecken.

**3** Alle vorbereiteten Zutaten im Wechsel mit der Sauce und den Preiselbeeren in eine Schüssel oder in acht kleine Gläser schichten. Dazu schmeckt ein kräftiges Brot.

# WÜRSTCHEN IM BREZELMANTEL

Praktisches Fingerfood, das garantiert bei Groß und Klein Eindruck macht. Wie einfach und schnell die Brezelhörnchen gemacht sind, müssen Sie Ihren Gästen ja nicht verraten ...

**Für 14 Stück**

7 tiefgekühlte Laugenbrezel-Rohlinge

1 Packung Nürnberger Würstchen

(14 Stück; 300 g)

1–2 TL Sesamsamen

**1** Die Brezeln auf Backpapier ausbreiten und bei Zimmertemperatur etwa 45 Minuten auftauen lassen.

**2** Den Backofen auf 225 °C vorheizen. Die Brezeln aufdröseln, sodass lange Teigstränge entstehen. Diese jeweils halbieren. Je 1 Teigstrang spiralförmig dicht um 1 Würstchen wickeln, dabei mit dem dünneren Teigende beginnen.

**3** Die Würstchen im Brezelmantel auf zwei mit Backpapier ausgelegte Backbleche legen und mit dem Sesam bestreuen. Nacheinander im Ofen auf der mittleren Schiene 12 bis 15 Minuten goldbraun backen. Herausnehmen und lauwarm oder kalt mit süßem Senf als Dip servieren.

# PIZZA-ZUPFBROT

Das herzhafte Brot wird mit würziger Tomatensauce und Käse gefüllt scheibchenweise eingeschichtet und bekommt so eine beeindruckende Ziehharmonika-Form. So kann sich jeder ein Stückchen abzupfen.

**Für 1 Brot (ca. 16 Scheiben)**

**Für den Teig**

500 g Mehl

1 Päckchen Trockenhefe (7 g)

Salz

½ TL Zucker

2 EL Olivenöl

**Für die Füllung**

1–2 Knoblauchzehen

200 ml passierte Tomaten

Salz

Pfeffer aus der Mühle

2 TL getrocknete italienische Kräuter

125 g geriebener Käse

**Außerdem**

Mehl für die Arbeitsfläche

Fett und Mehl für die Form

Öl zum Bestreichen

**1** Für den Teig das Mehl mit der Hefe, 2 gestr. TL Salz und dem Zucker in eine Rührschüssel geben. Das Olivenöl dazugeben. Nach und nach mit den Knethaken des Handrührgeräts etwa ¼ l lauwarmes Wasser unterkneten. Dann den Teig mit den Händen auf der leicht bemehlten Arbeitsfläche etwa 5 Minuten kneten. Den Teig zugedeckt an einem warmen Ort etwa 45 Minuten gehen lassen, bis er sein Volumen etwa verdoppelt hat.

**2** Inzwischen für die Füllung den Knoblauch schälen und in feine Würfel schneiden. Die passierten Tomaten in einem Topf mit dem Knoblauch aufkochen, mit Salz, Pfeffer und den getrockneten Kräutern würzen und bei starker Hitze etwa 10 Minuten kräftig einkochen lassen. Dabei öfter umrühren.

**3** Eine Kastenform (30 cm Länge) einfetten und mit Mehl ausstreuen. Den Teig nochmals kurz durchkneten und auf der bemehlten Arbeitsfläche zu einem Quadrat ausrollen. Den Teig erst quer, dann längs in je 6 etwa 8 cm breite Streifen schneiden, sodass 36 Quadrate entstehen. Je 1 Klecks Tomatensauce auf jedes Teigstück geben, verstreichen und mit etwas geriebenem Käse bestreuen. Die Kastenform leicht schräg stellen und die Quadrate nacheinander hineinstapeln. Die Form vorsichtig gerade stellen und die Teigquadrate dabei noch etwas auseinanderziehen, sodass sie die Form gut ausfüllen. Zugedeckt an einem warmen Ort etwa 30 Minuten gehen lassen.

**4** Den Backofen auf 180 °C vorheizen. Die Oberfläche des Zupfbrots dünn mit Öl einstreichen. Das Brot im Ofen auf der zweiten Schiene von unten 40 bis 45 Minuten backen. Zum Schluss eventuell mit Alufolie abdecken. Herausnehmen und in der Form auf einem Kuchengitter etwa 30 Minuten abkühlen lassen, dann vorsichtig stürzen. Lauwarm oder kalt servieren.

**VARIANTEN:** Für eine besonders würzige Variante die Teigquadrate zusätzlich noch mit je 1 Scheibe Salami belegen, bevor der Käse daraufkommt. Für eine einfachere Variante die Teigquadrate statt mit Tomatensauce mit zimmerwarmer Kräuterbutter bestreichen.

# REGISTER